ルネ・マルタン プロデュースの極意

ビジネス・芸術・人生を豊かにする50の哲学

林田直樹［著］

René Martin

ARTES

ルネ・マルタンとは誰か？　フランスからやってきた、二十一世紀のクラシック音楽界に最大のイノベーションをもたらした男であり、夢と希望を語り続ける真のプロデューサーである。

それまでにいったい誰が、クラシックの音楽祭に数十万人もの人々が集まることを想像できただろう？

「ラ・フォル・ジュルネ」――そこには専門的な愛好家だけではなく、ふだんはクラシックを聴かないあらゆる老若男女が、家族連れで、友人どうしで、クラシック音楽を楽しむ一日を過ごすためだけに集まって来るのだ。

最初は誰も信じなかった。だがそれは現実に起こりうることだった。巨大なコンサート会場に大衆を集めるのではなく、数百という大小のクラシック演奏会が同時多発的に開催され、静寂と集中のなかで、人類の宝ともいえる芸術が、低価格で解放される——そこに夢のようなクラシック音楽の楽園が出現するのだ。

いまや国境を越えて世界各地に広がり、日本にも定着した「ラ・フォル・ジュルネ」は、芸術における真の民主主義の現実化にほかならない。

そんなルネ・マルタンの言葉の数々から、人生とビジネスを切り拓くための鍵を見つけていただければ幸いである。

【目次】

ルネ・マルタンのビジネス・芸術・人生を成功させる50の哲学

ルネ・マルタンの
ビジネス・芸術・人生を
豊かにする50の哲学

「ビジネスに愛は不可欠です。
一緒に仕事をする人に対して愛情を持ち、
そして愛の物語を共に構築したいという思いを抱かなければ、
おそらくどんな分野でも、良い仕事を残すのは難しいはずです」

――――「ラ・フォル・ジュルネ」（フランス・ナント）会場にて

「好奇心」こそ、
企画においてもっとも優先されるべきものです。

従来のクラシック・コンサート業界で、もっとも重視されてきたのが「有名な演奏家ほどチケットが売れる」という考え方である。そして、次に「できれば有名な曲を演奏させたほうがよい」となる。そうすればビジネスとしてもっとも手堅い結果が得られるからだ。

ルネ・マルタンは、その考え方を認めつつも、まったく異なる立場をとる。

「私がかかわったあらゆる音楽祭やコンサートのプロジェクトにおいて、最優先の最優先、いちばんの最優先事項は常に、どの曲を聴いてもらうかということです。まず最初にコンセプトやテーマ、楽曲が先にあって、**演奏家も企画者も、それに仕える**というイメージなのです。

もちろん、有名な演奏家だから聴きに行きたい、という考え方は当然あると思います。しかし、そこで満足すべきではない。高名だからといって最高の演奏を聴かせてくれるかというと、必ずしもそうではないですよね？ラ・フォル・ジュルネはそのようなメンタリティではなく、別の考え方があるということを導くガイド役ともなってきたのです。それはラ・フォル・ジュルネのいちばん大事な精神性の一面なのです。

たとえばロシア音楽がテーマだったときに、ストラヴィンスキーの『結婚』をプログラミングしたことがありました。難しすぎて絶対にお客さんなどひとりも来るわけがない、と反対されましたが、結果的には二回とも満員で評判も非常によかった。同様のケースはいくらでもあります。

理想を言うならば、お客さんには、まず**この音楽を聴きたいからコンサートに足を運ぶ**という意識を持ってもらいたい。コンサートにおいては、好奇心こそがもっとも優先されるべきなのです」

誰もが自分の心の中に豊かさの源を持っています。

ルネ・マルタンは、コンサートを訪れる聴衆を、ある意味、徹底的に信じ抜いている。

「日本では、聴衆を低く評価しすぎだと思うことがあります。自分をオープンにするスイッチを彼らが持っていないと決めつけがちなのです。私の大原則では――お客さんたちは、基本的に好奇心に突き動かされている。だからこそ、ひとつのきっかけとして〝楽曲との新しい出会い〟を作っていけば、その先はどんどん新しい行動へとつながっていくはずなのです。私はおそらく、聴きに来てくれるお客さん一人ひとりのことがもしかしたら好きで、それが私がこの仕事をしている動機なのかもしれません」

お客さんのことが好き――なかなか本気で言えることではない。

「私はそんな人たちに向けて、もっと知りたいと欲求する気持ちを呼び覚ますようなものを作りたい。**誰もが自分の心の中に豊かさの源を持っている**と信じています。感受性も同じです。それは好奇心から始まります。それをより育てていくためのきっかけが必要なだけです。素敵な映画を観たり、コンサートを聴きに行ったり、そういうものがひとつのスイッチとなって、**人は誰でも自分の中にもともとあった豊かさをどんどん育てていくことができる**」

必要なのはチャンスだけだ、とルネは言う。

「音楽も、アーティストも、できるだけ聴き手のそばにいるべきだと思いますね。ベートーヴェンやモーツァルトは、ありとあらゆる普通の庶民、ありとあらゆる街の人々のために、自分の曲を聴いてほしいと思って作曲したはずなのですから」

だからこそ、偉大な作品をあらゆる人が聴きに来やすい場所へと持っていくことがルネの役割なのだ。

私たちが売っているのは、
夢でありエモーションなのです。

コンサートのチケットを売ることが、生活関連用品を売ったりすることと、根本的に違うことがあるとすれば――とルネは言う。

「私たちが売っているのは、無香性の製品ではなく、**エモーションであり、よそでは買えない夢を売っている**のです。

だから、私がプログラムを決めるときには、夢の実現をしているという意識がとても強い。私の個人的な夢というだけでなく、いろいろな演奏家たちの夢を、できるだけ多くの方たちと分かち合いたい。そして、来場してくださるお客さんにも夢を見てもらっているのです。そのためには、どんな媒体にでも出て、そういう気持ちを伝えたい。現場のスタッフ全員にも、夢の実現にたずさわり、夢を育てているという意識を持ってもらうために、彼らとできるだけ直々に話したいのです」

ルネは、ラ・フォル・ジュルネの周辺で仕事をしている人々全員の意識をもっと深いところから変えるために「直接話す時間をとりたい」と何度も繰り返す。音楽祭グッズを会場で販売するにしても、「それを機械的にやるのではなく、夢の実現につながっているという意識で理解してもらう」ことによって、まだまだ全体の雰囲気はさらに良くなっていくはずだと力説する。

「私が伝えたいのは、美しいものに対する思い、音楽や文学や美術や映画などは、**世界を理解するために必要なもの**だということです。それを渇望する度合いはどんどん強くなってきている。ベートーヴェンやシューベルト、あるいはチェーホフやシェイクスピアなどを少しでも理解する力を持つことで、世界との距離感が変わり、自分の中での世界が見えるようになってくるのですから」

異なるものの間に
架け橋をかけるという意識を持つことです。

ルネ・マルタンは、ラ・フォル・ジュルネのプログラムを組むとき、常に意識していることがある。

「クラシック音楽だけに限っても、バリアを取っ払ってしまいたい。ルネサンス、バロック、ロマン派、現代など、私たちはそこに壁があると思い込んでしまいがちですが、そんなものは存在しない。たとえば、バッハと現代を組み合わせると、これは素晴らしい結果になります。そういう渡り廊下、ブリッジのような、**異なるものの間に、架け橋を作る**ということは、今後とても大切になってくると思います。

歴史そのものもそうですが、音楽史ひとつ取ってみても、その流れの中に、横断的なつながりをいくつも見つけることができるのです。その架け橋の部分を意識したい」

ここ数年のラ・フォル・ジュルネは作曲家や時代をテーマにするのではなく、二〇一六年が「ナチュール・自然と音楽」、二〇一七年が「ラ・ダンス」という風に、コンセプチュアルなテーマによってさらに幅広い音楽がプログラミングされるようになってきている。同時に、このテーマ方式だと、バッハやモーツァルトやベートーヴェンのような大作曲家の楽曲を毎年入れることが可能になった。

その根底には、架け橋をかけたいというルネの意識がある。

「一年ごとに、**架け橋のための新しい道筋**を私は探しています。どんどんオープンマインドになっていき、もっと面白く、楽しく、さらに好奇心に導かれていくように。もっとたくさんの作曲家を、もっとたくさんの人に知ってほしいという願い。それを、演奏家たちやスタッフや聴衆と共有したいのです。そこで重要なことは、私はクラシック音楽に仕えている人間だという認識です」

クラシック音楽は、この世に存在するものの中で
いちばん力を持つ宝物。
あらゆる人に開かれ、
あらゆる人が愛する権利を持っているのです。

いまだに、クラシック音楽とは――時間もお金もたっぷり持っている限られた人々のための贅沢《ぜいたく》品である――そう心のどこかで思っている人は多いようである。多くの場合、チケットの値段が高いのだから仕方がないことではあるけれども。だが、ルネはそのような考え方とは真逆の信念の持ち主である。

「クラシック音楽は、この世に存在するものの中でいちばん力を持つ宝物です。ありとあらゆる人に向かって語ってくるものです。最近強く思うことがあるのですが、お金があるからクラシック音楽を愛せるようになるかというと、そうではない。**発見するから、そして聴き続けるから**なんです。たとえばベートーヴェンのピアノ・ソナタが気に入ったなら、CDを買って20回くらい聴けば、誰でもだんだんその世界に入ることができる。何万円払ったからベートーヴェン作品の鑑賞の仕方がわかる、ということではない。あり得ません！　お金があろうがなかろうが、その曲を発見して、聴くから、なのです。

だからこそ、ラ・フォル・ジュルネがある。経済的に必ずしも裕福ではない方たちも参加して、ベートーヴェンだろうが細川俊夫だろうが、同じように素晴らしい曲を発見することができるのですから。

お金の有無にかかわらず、音楽を愛する権利は、誰もが同じように皆持ち合わせています。環境によって遮《さえぎ》られてきたことはあるかもしれません。でも、たった一回でも素晴らしい宝のような音楽に触れることができたら、**それまで美的経験のなかったどんな人にでも、新しい扉が開かれる**かもしれないのです」

聴きたいと思ってくれる
お客さんがいることを、まず喜ぶことです。
そして、来てくれてうれしい、という気持ちを
その人たちに伝えなければいけません。

聴衆・演奏家・企画者の関係について、ルネはどのようにイメージしているのだろう。

「コンサートを聴きたいと思ってくれるお客さんがいることを、まず喜ぶべきです。聴きに来てくださった方たちが**気持ちの良い時間を過ごすために、何でもする覚悟でいたい**。そして、来てくれてうれしい！という気持ちをその人たちに伝えるべきです。

ナントでは、切符のもぎりや案内係など、現場を担当するスタッフ一人ひとりに、私が直々に研修のようなかたちですべてを伝授します。まず全員を集めて、コンサートのプログラミングについて説明し、音楽の抜粋を聴いてもらいます。

舞台袖の制作スタッフに対しても、音楽的な意図について必ずきちんと説明します。そのような意思疎通があるかないかで、アーティストに対する態度もガラリと変わるはずです。見知らぬ偉い人が来たらしいとか、若い人だからぞんざいに扱っていいとか、そういうことには絶対にならない。それは**私のとても大切な仕事**です。

音楽祭の裏方としてかかわってくれる人すべて、ボランティアやアルバイトとして雇用されたたとえば150人なりに対して、**一人ひとりにきちんと私のコンセプトを説明する**ために最低でも二時間は必要ですね。

お客さんに接するとき、一人ひとりが私の代弁者であり、私の代わりにあなたはそこに立ってくれているのだと伝えています。それはどこの音楽祭でも自分に課しています。彼らはみな音楽祭の精神性をきちんと反映させてくれる人でなければならないのですから」

聴衆と音楽との関係性を変革すること。

それまでにおこなわれたどんな音楽祭よりも、ラ・フォル・ジュルネはお祭り感の強い音楽祭である。いかにしてその祝祭を作り出すかについて、ルネはこう語る。

「まず、その場所があるていどコンパクトになっていることが重要です。そこに人々が集まってきて、ある雰囲気を作り出さなければいけないのですから。この音楽祭のコンセプトというよりは、大切な感覚として、〝お祭りである〟ということは必要不可欠です。その本質は、ありとあらゆる人が集まって来て、喜びや音楽を分かち合えるということ、それも一日中ずっとです。単発のコンサートは、終わったらみんなさっさと帰ってしまうでしょう？

しかし、ラ・フォル・ジュルネは根本的に違う。一日中コンサートが次から次へとたくさんありますから、その間に人々は**同じ気分、同じエモーション、同じ雰囲気を分かち合っている**ということを体感できるのです。

ラ・ロック・ダンテロン国際ピアノ音楽祭は、森の中に音楽を持ちこむという大胆な考えで始まりましたが、いまやフランス最大の夏の音楽祭です。エクサン・プロヴァンス音楽祭は四万五千人ですが、こちらは八万人。こちらはなぜそれだけ多くの人が集まるかというと、家族連れで、短パンで、のんびりピクニック気分で、気軽に来れるからです。大人一人15ユーロ（約1800円）で、子ども一人無料がついてきますから。夫婦連れだと30ユーロ（約3600円）で子ども二人分が無料。それが**明日の聴衆を連れてくる**ことになる。

ラ・フォル・ジュルネにもラ・ロックにも共通すること、それは、聴衆と音楽との関係性を徹底的に変えていく、変革させていく場だということです」

観客一人ひとりが、自分自身のフェスティバルを
こしらえていく。
そのための材料を提供しているのです。

ラ・フォル・ジュルネでは、何百といった膨大な数の廉価な一時間程度のコンサートが、あたかも集中豪雨のように、数日間の開催期間の中で朝から晩までおこなわれる。そもそものその狙いについてルネはこう語る。

「これらのコンサートは、すべて提案です。そして来られるお客さん一人ひとりが、自分が音楽監督であるという考え方にもとづいています。みなさんが自分のテーマに応じてコンサートを選択できるのです。たとえば、弦楽四重奏がお好きな方であれば、弦楽四重奏だけピックアップして聴き歩くということもできます。そうすると本当に滅多に聴けないようなものもたくさんそこで聴くことができる。

たとえばシューベルト・イヤーに私はこう考えました。やはり『鱒《ます》』は毎日入れたいが、やるのであれば四種類、違う『鱒』をお聴きいただこうと。ベートーヴェン・イヤーのときは、ピアノ・ソナタで同様のことを考えました。もし誰かがベートーヴェンのピアノ・ソナタを制覇したいというのであれば、それが聴きに行けるようにタイムテーブルを組んだのです。

ここでは、一人ひとりが自分自身のフェスティバルをこしらえていくことができる**材料を提供している**のです。

大切なのは、その人が数日間のなかで体験する**全体像であり、その中を漂い、分け入り、泳いでいくこと**。講演会やマスタークラスを合間にたくさん入れているのも、もっと楽しむための仕掛けを作りたいからです。それは、こういう音楽的体験ができたらもっと面白いだろう、という夢を実現させるための場を作ることでもあるのです」

あらゆる文化的企画は、
教育がベースにあること、
ひとつのストーリーを持っていることが重要です。

ナントでのラ・フォル・ジュルネでは、毎年必ず、メイン会場のシテ・デ・コングレの中央奥に音楽書関連の充実した売り場が展開されており、熱心に本に見入り、購入していくお客さんたちが大勢いる。カウンターには研究者が、いつでも誰でも話しかけられるよう待機している。また、開催期間中は好奇心を刺激するテーマが四〇〜五〇本も用意されて無料講演会が開催される。地元小中学校の年間カリキュラムとも連動しており、担任教諭が授業の一環として子どもたちを連れてくる。その様子は壮観である。つまり、あらゆる知的なものに対する開かれた姿勢がはっきり打ち出されているのだ。

「文化的な企画は、教育がベースにあるべきです。二〇一六年に『ナチュール・自然と音楽』がテーマになったときも、公式本をはじめ、そういう仕掛けをたくさん作りましたし、二〇一七年の『ラ・ダンス』のテーマでも、若手の素晴らしい音楽学者を見つけたので、比類ない本が出版されることになるでしょう」

日本のラ・フォル・ジュルネでも、教育という方向性をもっと強力に推し進めるべきだとルネは考えている。それと同時に、もうひとつ大切な要素があるとルネは言う。

「あらゆる文化的企画は〝**ストーリーを持っている**〟ことが重要なのです。ラ・ロック・ダンテロン国際ピアノ音楽祭がそのもっともいい例でしょうか。この音楽祭は三十六年続いていますが、森の緑のなかでピアノを聴くという初期の頃とまったく同じ考え方のもとで運営されています。もちろん、プレゼンテーションや音響面など、毎年少しずつ発展していますが、初期のエスプリはそのままそこに息づいているのです」

音楽祭の企画を作ることは、
できるだけ公正な音楽の風景を描き出すことです。

ルネは、ラ・ロック・ダンテロン国際ピアノ音楽祭を三十六年間運営し続けている。彼にとってのいちばんの原点であり、ラ・フォル・ジュルネの前提となるいくつかの音楽祭のうちのひとつである。

その運営にあたってルネが常に意識していることがある。

「私はできるだけ公正でありたいと思っています。ひとりのピアニストだけを切り離した特別な存在としたくないのです」

この南仏最大級の音楽祭には、ヨーロッパ中のピアニストたち、そしてピアノ音楽愛好者たちが熱い視線を投げかける。それには理由がある。

「たとえば、ソリストとしてのキャリアがうまく行かないから、教えるほうの仕事に回ろうというピアニストはたくさんいます。私はそういう人たちこそを見出したい。だからいつも周囲には目を光らせています。時代遅れなやり方であるのは確かです。このアーティストが今話題だから後押ししようとか、そういうやり方ではないのですから。しかし、この音楽祭は私の一部なので、できるだけ公正なかたちを整えていきたいのです。

もし、招待しなかった優れたピアニストがいたときには、なぜ自分は彼を呼ばなかったのか、と考えるようにしています。そうすると、それまでとは違う聴き方をするようになるのです。おそらくそうやって自問自答する前の自分の耳ではとらえられなかったものがある。

音楽祭やコンサートの**プロデューサーの責任は大きい**のです。なぜ、あるアーティストを呼んで、別のアーティストを呼ばなかったのか。その選択に責任を負いながら毎年注意深く企画を作っていくことで、できるだけ公正な音楽の風景を描き出さなければいけないのです」

絶対に低価格であるべきです。
何よりも音楽が最優先されなければなりません。

ナント近郊に、ラ・ボールという海辺の町がある。一九八五年、ルネはそこに建つ宮殿のような豪華ホテルの支配人から音楽企画の相談を受ける。

「二五〇の客室とウィーン風のサロンを持つ海辺の船のようなホテルです。もちろんそういう場所があることは知っていましたが、行ったことはありませんでした。なにせ超富裕層向けの場所ですからね。そこを見てすぐに思いついたのは、〝陸上〟音楽クルージングの企画を完全な低価格でできるのではないかということです」

ルネはそういった場所でも、ステイタスを武器に高い値段のディナーショーをしようといった考えは微塵《みじん》も持たない。ひとりでも多くの人に夢を共有してもらえるような方向へと企画を進めていく。

「ピリシュやフレイレ、コセやポルタルといった名演奏家たちに、夢のような素敵な場所を見つけたのだが、まったく新しい企画をそこでやりたい、家族とも数日間を一緒に過ごして楽しめますよと誘いかけたのです。それなら、と興味を持ってくれたので、ホテルの支配人に、二つの条件を提示しました。週末であろうが絶対に**低価格**であるべきだということ。何よりも音楽を最優先にするということ。室内楽中心の企画なので、一曲目はヴァイオリン・ソナタ、次はチェロ・ソナタ、その後は五重奏曲、といったやり方を受け入れてほしい、と演奏家にも伝えました。**ここでは彼らはスターではありません。あくまで音楽中心。**いまも続く『エルミタージュ＝バリエールでの楽興の時』がそれです。朝昼晩の室内楽の合間に、カクテル・パーティや講演会があって、まるで別世界ですよ。これがラ・フォル・ジュルネの前身のひとつともなったのです」

新しい耳を持った聴衆と出会うことが、
演奏家には何よりも必要です。

新しい耳、とはいったい何だろうか？

若い頃のルネ・マルタンは、旧ソ連の大ピアニスト、スヴャトスラフ・リヒテル（一九一五〜一九九七）と百五十ほどのコンサートを一緒に制作するという貴重な経験を得ている。トゥーレーヌにある修道院でリヒテルが主宰していた音楽祭を任されたことがきっかけで信頼を得たルネのもとには、たとえば「教会や古城をめぐりながらツアーをしたい」という巨匠からの突然の電話がかかってくるようになる。その希望をかなえるために、ルネはあらゆる変わった場所でのコンサートを準備したという。

「そうした彼のコンサートでは、とにかく新しい聴衆に出会えるということが多かったのです。リヒテルは世界一といっていいほどの素晴らしいピアニストでしたが、彼は、**新しい耳を持った聴衆と出会う**ことを、彼自身何より必要としていたんです。何の偏見もなく聴いてくれる聴衆。ただ感動したい、心を揺さぶってもらいたい、その思いだけで来ている聴衆……。

そうした聴衆を相手にするのは、実はすごく難しい仕事です。特に演奏家側にとってはいっさい技巧的なごまかしが効きません。そこでは**演奏家は、音楽に身を捧げる、仕える身としてそこにいなければいけません**。そうした場では、献身的な姿勢になればなるほど、聴衆の心を動かすことができるのです」

これは実はすべての演奏家にとっても、言えることなのかもしれない。まったくの初心者であってもいい、知識がなくてもいい、好奇心をもって先入観なく新しい耳をもって聴いてくれる聴衆がもしそこにいたら――それはもっとも手ごわい聴衆であると同時に、演奏家を成長させてくれる存在ともなりえる。

音がこちらに向かってくるのを待っているのではなく、
自分から音を取りに行かなければいけません。

クラシック音楽と〝聴く力〟の関係について、ルネはこう言う。

「エクテ（écouter）というのはフランス語で〝意識して聴く〟という意味ですが、それを学ぶ場がクラシック音楽なのです。音を自らの意思で探しに行くわけです。受身ではなく、能動的に。

クラシックのコンサートでは、まず音楽の前提として沈黙をみんなで作り出し、聴衆のほうから音を聴きに行くわけです。ほかのジャンルの多くのコンサートの場合、音の塊が聴衆に向かってくる、ぶつかってくる。いまの社会全体を見てみると、インターネットでもテレビでも、同じように、情報が圧倒的に向こうのほうから流入してくる。

人間らしい繊細な感覚と、それに連動する豊かな心の動きを回復するためには、まず沈黙があって、自分から音をとりに行くということをしなければいけない。それができるからこそ、クラシック音楽は**人間性を豊かに回復する役目**を持っているのです。

この豊かさの本質は、お金で買うことは不可能です。あるていど自分がそれをつかまえに行かなければ、求めなければ、享受できないし満たされない。

実は、日本でラ・フォル・ジュルネをする最大の理由もそこにあるのかもしれません。何度も日本に行くうちに、日本人の精神はクラシック音楽ときわめて親和性が高いだろうと思いました。日本人はわれわれヨーロッパ人と違って、美しい風景を見るにしても、そこから力を得るような見方をしている。そのうえクラシック音楽はなおさら日本人を豊かにするに違いないと確信したのです。ベートーヴェンが自然にインスピレーションを得て音楽をたくさん書いたのと同じことです」

東京という街は、
文化面で切ることのできるカードを
たくさん持っています。

世界の著名な音楽プロデューサーのなかでも、もっとも日本と深いかかわりを持ち続けてきているルネ・マルタンは、世界における東京の位置や存在感について、どう感じているのだろうか。

「東京という街は、文化面で切ることができるカードをたくさん持っています。島国的な感覚がいまだに残っていることも確かですが、豊富な要素が詰まっている大都会・東京ですから、世界に誇れる確固たる音楽的リファレンスを立ち上げることができるはずです。

東京には世界有数の劇場やコンサートホールが多く存在し、世界の超一流のオーケストラが頻繁に来ています。世界でもっとも有能な音響技師は日本人です。プロ・オーケストラや音楽大学も素晴らしいレベルですし、吹奏楽や合唱など、アマチュアの層の厚さは比類がありません。それがどれだけ豊かであることか。

それ以外にも、**文化における豊かさの指標がまだまだある**、ということを世界に対して示すことは十分に可能です。東京はアジアの代表になることができると思っています。ラ・フォル・ジュルネは、全音楽生活におけるショーケースと見なされるので、その方向性に力を貸すことができるはずです」

最近、音楽においても大国の仲間入りをした中国と日本との比較についてはどうだろう。

「日本は中国と比べてまだまだ先を行っていると思います。いま日本がするべきことは、**国の根本にエネルギーを探し求めること**ですね。アジア諸国の中で、日本こそがヨーロッパ諸国ともっともよく意思疎通ができる言語や価値観を持っているのです。日本は、洗練や優雅を体現している国です。ただ、日本人はこれらの美点を内々では発揮するのですが、**外に向けて発揮しようとはしていない**ように思うのです」

企業にとってメセナとは、
非常に大胆で思い切った投資の手段です。
しっかりとした文化的企画に投資すれば、
数年後にそれは何十倍になって返ってくるでしょう。

企業にとっての文化への投資ということについて、ルネはどう考えているのだろう。

「メセナに対して短期間で結果をほしがる企業は、あらかじめ集客できるだろうとわかっているような有名演奏家の興行のスポンサーになるといった安易な方法をとりがちです。しかし、メセナというのは、ほんらいは非常に大胆で思い切った手段なのだということを大企業にはわかってもらいたいのです。しっかりとした文化的企画に投資すれば、数年後にそれは何十倍になって返ってくる。彼らは専門分野の商品リサーチや研究には多大な予算と人件費と年数を割きますが、それと同じ種類のことだと思うべきなのです。そうすれば、真の教育的意義を持つ文化的企画に、より多くの金額を継続的に投資してもらえるようになるはずです。

真に文化的な企画は、一年ごとに発展していくものです。一年ごとに変化を遂げ、改善が加わり、新しい聴衆の参入があるのです。このことにかんして、日本はもっとリスクを負わなくてはならないと思います。なぜなら、日本の聴衆のクオリティは驚くべきものだからです。すべての分野において、音楽そのものの体系について熟考を重ねる力のあるお客さんが数多くいらっしゃると感じます。本当に素晴らしく思います。

支援企業がなすべきことは、興行の派手さのためだけではなく、作品理解のために、知識への鍵のために、投資をすることです。私は、企画パートナーとなるメセナの方たちと**一緒に本質を探っていく、本気で仕事をしていく、いざとなればまったく新しい道筋を立てていく覚悟があります**」

人間を豊かにしていくのは
文化以外にありません。

バブルの頃からさかんに言われるようになってきたメセナ、つまり企業の文化・芸術活動への支援について、近年はかなり落ち着いてきた様相を呈しているが、ルネはこうしたメセナについては極めて強い意見を持っている。

「日本で特に気をつけなくてはいけないのが、メセナの担当者がコンサートを権威のあるものと見なしてしまい、ひとりの演奏家の名前だけで多額の出資をすることです。しかし、彼らには、出資する以上のことができるはずです。それはひとえに**日本の聴衆のみなさんが特別だから**にほかなりません」

ここでルネは、かつて小泉八雲（ラフカディオ・ハーン）が日本について書いた「世界中でこれ以上魅力的で素朴で純粋な民族を見つけることはできない」という手紙について触れ、こう語る。

「これは、私が日本の聴衆に対して感じている気持ちとまったく同じなのです。このかけがえのない豊かな精神性を残さなければなりません。**メセナをすることの意味は、社会や文明を――要するに、素晴らしい人間性を持ちつつ熟考することができる人間を――育てることにあるのです。人間を豊かにしていくのは文化以外にない**と私は思います。絵画を鑑賞することを学ぶ、音楽を聴くことを学ぶ、偉大な作家の戯曲を読むことを学ぶこと。それは一種の修行といいますか、学びの連続なのです。この方向に企業が投資をすればするほど、日本はより繁栄するでしょう。それは、とどのつまりは、良い製品と悪い製品のうちから良いものを選択する力と賢さを人々が身に付けるということでもあり、企業にとっても有益だからです。これこそが**企業のミッションです**」

「私たちが売っているのは、夢でありエモーションなのです。美しいものに対する思いは、世界を理解するために必要なものなのです」

――「ラ・フォル・ジュルネ」（フランス・ナント）の第2会場
リュ・ユニクのそばを流れる川べりの風景

一つひとつの企画は、
自分自身の勉強のためのステップです。

巨大な、そして斬新な仕事は、けっして一夜にして実現するものではない。

ルネ・マルタンが一九九五年にフランス・ナントで創始した音楽祭「ラ・フォル・ジュルネ」は、東京、新潟、びわ湖、ワルシャワ、リオデジャネイロ、ビルバオ、エカテリンブルクなど世界各地に展開されている。クラシック音楽のコンサートに数十万人規模の爆発的な動員をもたらし、それまで足を運ばなかった人々が丸一日クラシックを楽しむという信じがたい風景を現出させたこの音楽祭は、二十一世紀のクラシック音楽ビジネスにおける最大のイノベーションであったが、それは一夜にしてもたらされたのではない。

「ラ・フォル・ジュルネは、あるときアイディアが突然パッと形になったのではなく、それまでの私の複数の音楽祭における積み重ねがあったからこそ実現したのです」

ルネがこれまでに手掛けてきた――ラ・ロック・ダンテロン国際ピアノ音楽祭、トゥーレーヌ〝メレの穀物蔵〟音楽祭、ラ・ボール「エルミタージュ・楽興の時」、フォントヴロー修道院での宗教音楽コンサートなど――で着々と積んできたピアノ、室内楽、合唱音楽の経験をすべて総合したものが、「ラ・フォル・ジュルネ」なのである。

「いきなり順番を飛ばして、誰もがクレイジーだと思うような企画を急にやろうと思ったわけではないのです。逆に言うと、**これまでの経験はすべて自分にとって役立つ**だろうと判っていました。結局、一つひとつの企画は、常に自分自身の勉強のためのステップでもあったのです。だからこそ自信をもって新提案ができるし、どんな問題が起こり得るのかすでに身をもって知っていますから、早急な対処も可能となるのです」

アイディアなら誰でも美しいものをいくらでも
思いつくことができる。
でもそれを実現させるときに必要となるのが経営。
経営とはすなわち実現のことなのです。

ルネ・マルタンは音楽プロデューサーであるのみならず、経営のプロでもある。数日間に百万人近くもの観客を集める音楽祭「ラ・フォル・ジュルネ」を成功させたことは、それまでのクラシック音楽の常識を打ち破る事件であったが、その陰には経営学を大学で学んだルネのビジネスセンスがあったことを忘れてはならない。

「大学で何を学ぶかを決めたとき、人生でどんな仕事をするか具体的に知っていたわけではありません。ただ音楽は好きでしたし、有名なアーティストのコンサートを作りたいという夢はありました。

当時の私にとっての最優先事項は、会社経営について学ぶことでした。アイディアなら誰でも美しいものをいくらでも思いつくことができる。でもそれをどうやって実現させるのか？　そのときに必要となってくるのが経営です。**経営とはすなわち実現**です。だからこそ商業経営を学びました。その結果、音楽イヴェントを企画する私の会社の経営は比類のない強固なものになったと思います」

ルネはリスクをとることや冒険を好む。「ラ・フォル・ジュルネ」のような前例のない音楽祭を大成功させ、世界に広げることができたのも、その恐れを知らない冒険精神によるところが大きい。その大胆さを支える、確固たる基盤がルネにはある。

「私の力の根源は財政的なものではありません。私の背中を押してくれる**強力な人間関係があるからこそ、リスクを恐れずにいられる**のです。それが私にとっての最大の豊かさです。銀行口座にお金をたくさん溜めて富豪になることではありません」

まず、一歩引いたところから、
自分に何ができるかを観察する。

新しく仕事を進めるうえで、どんな手順を踏んで企画を練っていくべきか。そもそも〝その提案〟に乗るべきか？　断るべきか？　すべてのビジネスパーソンにとって悩ましい課題である。

ルネの場合はどうか。「ラ・フォル・ジュルネを私たちの街でもやりたい」とコンタクトを取ってくる街が新しく出現したとして、ルネは次にどういう行動をとるのだろう？

「オフィシャルにいきなり正面から来るケースはありませんね。最初はかなり控えめなかたちでみなさん、私に近づいてくる。そうしたら、私自身まずその街へ足を運び、博物館やコンサート会場、レストランなど、街の雰囲気や人々のつながりなどを細かく観察するようにしています。その街の人たちがラ・フォル・ジュルネを作りたいということは、つまり新しいアイディアがほしくて私のところに来たのだろうと思う。

私は**まず一歩引いたところから見る**ようにしています。よく話を聞き、一歩引いたところから、自分には何ができるかということを観察する。おそらく私はわりと早いうちに**正確に物事を見極めている**と思う。一体この街は本当に私のことを必要としているのかどうか……」

そうしたことを冷静に判断するために、ルネは、**建築家のように仕事をする**。

「建築家は設計するにあたり、周囲の環境のみならず街全体を観察し、街の歴史をきちんと把握しようとします。そのうえで、次に何を展開させるべきかを常に考える人たちです。彼らの仕事ぶりには非常に共感するところが多い」

時間的にも空間的にも、一歩引いたところから観察すること。何が必要とされ、そのプロジェクトは新たにどんな歴史をつけ加えることになるのか。そんな建築家的発想が、ルネの仕事の基本的態度なのだ。

一緒に仕事をすべき人、
尊敬すべき人は誰なのかを、
いつも注意深く考えています。

ルネ・マルタンは音楽祭プロデューサーとして、世界中の音楽家のみならず、あらゆる職種のあらゆる人々と接触する立場にある。そうしたなかで、ルネが身に付けたのが、誰と組んで仕事をするべきかという〝選択〟の姿勢である。

「方向を定め、選択をおこなうには、きわめて注意深くあらねばなりません。いったん心惹かれたとしても、それが本当に進むべき方向であるとは限りません。自分の天職ともいえる仕事を見つけることも大切ですが、出会いも同じくらい大切です。**一緒に仕事すべき人、尊敬すべき人は誰なのか**を、いつも注意深く考えています。

だから、非常に大きなことをするときにも、自分自身はいつもきわめて控えめであるべきだと思っています」

ルネは常に人のことを徹底してよく見ている。出会う人、出会う人、すべてについて。だがそれは、疑い深さとは根本的に違う。この注意深さは、信頼感、敬意、友情が生まれる前提となるものだ。傲慢さではなく、謙虚さにつながるものだ。

「いつも周囲には目を光らせています。他人の評判や流行を追うことはしないので、こうしたやり方は古いのかもしれませんが。**誰と仕事をするかは念入りに決めます**。その人と合わなければ距離をとりますし、信頼できる相手としか仕事をしないのは大原則です。もちろん、誰にでも弱さや問題点はあるでしょう。私自身にも。けれど、いったんこの人は信じられると思ったら、明確な敬意や友情が生まれたら、その仕事のパートナーのことを私はとことん信頼しますし、好意的に評価します。批判的なことはいっさい言いたくありません。もし言いたくなるくらいなら、そもそも仕事をしません」

自分の精神状態を乱すような相手とは
できるだけ距離を置く。
それは自分自身の内面の豊かさを
守るために必要なことです。

人生や仕事のさまざまな局面においては、「非常に有害な相手というのもありうる」とルネは言う。

「私の人生を穢《けが》すような人さえいるのです。そんなとき、自分の精神状態を乱すような相手とはできるだけ距離を置くようにしています。人生を積み重ねていくと、だんだん自分にとって、これは良くないというものがわかるようになってきますから、なるべく早いうちに距離を置くようにするのです。それは、**自分自身の内面の豊かさを守るために必要なこと**です。さもなければ、いつの間にか負のスパイラルに巻き込まれ、ダメージを受けて立ち直れなくなってしまいます」

不愉快な相手を遠ざけるというだけではない。好意を見せて熱心に近づいてくる人が、自分の仕事や家庭を破壊してしまう有害な相手であることもありうる。そのことを判断できるのが、人生の経験と蓄積なのだとルネは言う。

「たとえば美しく魅力的な女性が、私に恋して夢中になったとします。私もその女性をとても気に入っていたとしても、同時に〝これは手に負えないことが生じた〟と私は判断することでしょう。ほんの少しだけ試してみよう、ということもできるのかもしれませんが、私は一線を越えるようなことはしません」

冷静な大人の判断である。

「**前進するためには自衛のすべを知るべき**です。でも、有害な相手を排除するばかりであってもいけない。必ず周囲を見回し、もし困っている人がいたらけっして放置しないことも同時に大切です」

自分自身の独立性を保つことが大切です。

ルネ・マルタンはどんなに公式な場であっても、地方の政治家のトップが臨席するレセプションであろうと、スーツにネクタイという格好をしたことは、ほとんどないはずである。常にカジュアルな服装だ。世界中の有名な音楽プロデューサーたちはそれぞれに皆おしゃれではあるが、これほど武装しない、ラクな服をさりげなく着こなしているのはルネだけではなかろうか。そんなところに、プライドは高いけれど、自由を重んじ、権威主義とは距離を置くルネの生き方が垣間見える。

「私は常に独立心が強かった。おそらく私に力を与えてくれるのは、財政基盤ではなく、肩書きでもなく、たくさんの演奏家たちとのつながりだったからです」

かつて若い頃、ロシアの大ピアニスト、スヴャトスラフ・リヒテルや、ユダヤ系の大ヴァオリニスト、ユーディ・メニューインの信頼を得て、多くのコンサート制作を任されてきた経験と自信がそこには裏打ちされている。

「あるときメニューインはナントにやってきて、財団を作ったから一緒に仕事をしてくれないかと私に依頼してきました。破格の報酬とポストを提示され、ほとんど契約書にサインするだけみたいな状況でした。メニューインのことは尊敬していましたし、申し出には非常に感銘を受けましたが、私にはできかねますとていねいにお断りしました。彼の仕事のお手伝いならできる状態にありましたし、彼らの高い要求に応じられる自分でありたいと常に思っていましたが、**自分自身の独立性を保つことのほうが、私には大切だった**のです」

多くの人とのつながりをしっかりと保っていたいということが、ルネのなかでは独立ということと深くかかわっているのだ。

あなたが必要なときには
いつも私はそこにいる。

ルネ・マルタンはこれまでに数多くの偉大なアーティストたちと恵まれた関係を築いてきた。彼らは常日頃から多大な人生の時間を音楽に捧げ、ステージでは無防備なさらしものになるからこそ、ともすれば繊細すぎる気難しい人種ともなりうる。いったいどうやってアーティストたちの信頼をルネは獲得してきたのだろう。

「私の方針は、〝あなたが必要なときにはいつでもそこにいる〟というものです。逆に彼らに対しては〝私の夢の実現に手を貸してください〟と言うのです。あるいは〝あなたの夢の実現のための力になりたい〟ですね。

もしアーティストが音楽祭などの大きなイベントを作りたいというなら、私はすぐに駆けつける――そういう特別な関係性です。たとえばリヒテルと私の関係は、アーティストとエージェントの関係ではなく、〝二人で完全性を求めて一緒に冒険をする〟というものです。もしアーティストがヒンデミットの『ルードゥス・トナリス』のようなレアな作品をどうしてもやりたい、と言ってくるならば、〝任せなさい、このルネ・マルタンがついているのだから〟と申し上げるでしょうね。

まずはアーティストを知ることから始め、わかってくるにつれて、どんな細かい点に対しても目を光らせつつ、こちらからも小出しに提案するようにするのです。彼らは室内楽の理想的パートナーを常に探し求めていますから、それを理解して紹介する努力も怠らないことです。

尊敬する相手のためなら、できることは何でもやる。そして彼らの要求に応じられる自分でありたいと思うこと。それがあるからこそ、今度は私が何かをやろうとしたときに、彼らは喜んで協力してくれるのです」

果たすべき使命、天職が
自分にはあるという意識は、
鍵となるものを見出し、
進むべき方向性を見出すための方法なのです。

ルネはどこかの大劇場や名門オーケストラの監督となることには、まったく興味がなかったのだという。音楽プロデュース業に野心ある人なら飛びつきそうな名誉あるオファーに対しても、関心を示さなかったのである。

「常に何かを新しく始めたいという意識でしたから、既存の劇場の監督をしたいなどとは思ったこともありません。そういう仕事をしてほしいというオファーもたくさんありましたが――この世界を知っている人であれば驚くような仕事でした――でもそれは、私の天職ではないのです。

自分には**果たすべき使命、天職**があると意識しています。それは鍵となるものを見出し、進むべき方向性を見出すための方法でもあるのです。選択をおこなうにはきわめて注意深くあらねばならないと思っていました。

だからこそ、オペラやバレエの仕事に心惹かれることがあっても、けっして向かわなかったのです」

ルネにとっての天職は、リサイタルや室内楽、オーケストラや合唱のほうにある――それはかなり若いときから自覚されていたという。

「勅使川原《てしがわら》三郎さんのような素晴らしいダンサーとの出会いもありましたし、この人となら面白いことができるとも思いましたが、私がかかわらせてもらう場合は常に音楽が主役だと認識しています。だからこそ、**私の仕事の奥底には、たいへんな孤独があります**。なぜなら、モーツァルトやベートーヴェンやシューベルトの音楽の価値を引き上げていくための**鍵を、力を、自分の中だけに見つけなければならない**のですから」

地上に生きる誰もが、
それぞれに果たすべき使命を持っています
——演ずるべき役割があるのです。

私たちはいったい何のために生きているのか？　誰もが漠然と思いながらも、なかなか直接自分自身に問いかけることのない、この本質的な問いに対するルネの答えはこうである。

「私たちがこの世にいるのは、**果たすべき使命**があるからです。この地上に生を享《う》けたということは、何かしら自分の使命を持っている、演ずるべき役割があるのだと考えています。

私自身の使命についても、いつも意識しています。それは、できる限り多くの**美しいものをこの世界に生み出していく**ことだろうと思っています。私の仕事はそれに尽きます。そこにすべてを注ぎ込んでいます。私の人生の一部といってもいいです。だからこそ、さまざまな人々との出会いがあり、見知らぬ場所を新たに見つけることができ、ときにそこからプロジェクトが生まれてくるのです」

ルネはきわめて敬虔なクリスチャンである。教会や大聖堂を訪れると、必ず熱心な祈りを捧げている。この世における使命という考え方もそこから由来している。

「キリスト教徒は、〝すべてを超越したところに何か別のものがある〟という思想を持っています。多くの作曲家たちは、自身の才能やアイディアについて、天から授けられたものだという意識を持っているはずです。いや……宗教を問わずとも、偉大な芸術作品を観ると、それはやはりどこか超越的なところからもたらされた仕事だとしか思えないのです」

神からもたらされた使命・目的、という考え方に違和感を感じる向きもあるだろう。ただ生まれ、ただ死んでいくだけなのではないかと。

「言い換えましょう。人生におけるものごとすべてを、私は神秘主義的に捉えているのです」

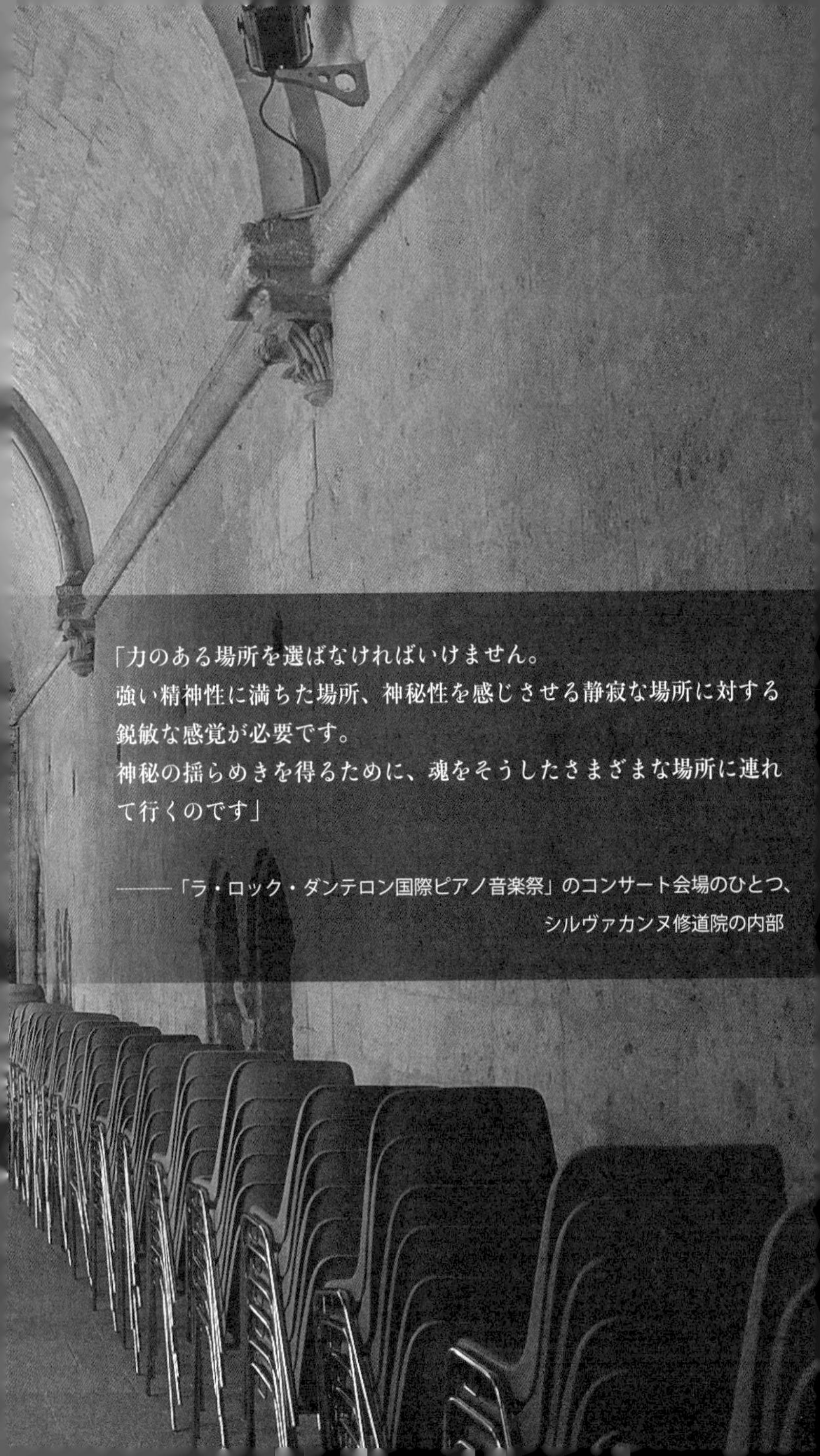

「力のある場所を選ばなければいけません。
強い精神性に満ちた場所、神秘性を感じさせる静寂な場所に対する鋭敏な感覚が必要です。
神秘の揺らめきを得るために、魂をそうしたさまざまな場所に連れて行くのです」

――「ラ・ロック・ダンテロン国際ピアノ音楽祭」のコンサート会場のひとつ、シルヴァカンヌ修道院の内部

恋愛、家族、仕事とは
——愛の物語の構築です。

ルネ・マルタンは、恋愛、家族、仕事について、まったく同じ態度で語ろうとする。それらは愛の物語として置き換えることのできるものなのだ。

「パートナーと別れたり、相手を変えたりするのは、あまりにも簡単なことです。**巡り合った相手と共に何かを構築する**ことこそ、素晴らしいのです。カップルが生まれて、愛の物語を生きていくことこそ……」

物語を構築するという意識は、ルネのすべての日常の根幹をなしている。

「もし私が誰かと恋に落ちて、共に暮らすという人生を選べば、愛の物語構築はより強烈さを増します。そしてその人を選び、共に生きていくということを決めれば、さらに子どもが生まれてきたのであれば、そこには責任が生じてくるものです。一年間のなかで家族と一緒に過ごすための時間をどうやって計画的に作っていくか――こうした責任を意識することによって、私は自分自身を構築できているという感覚があります。

ビジネスでも同じことです。**生きるためのお金を得ることは必要ですが、もっと比類のない豊かなものは人間関係のほうです。**一緒に仕事をする人たちに対して愛情を持ち、物語を共に構築したいという思いを抱かなければ、良い仕事を残すのは難しいでしょう。こうした恋愛にも似た感情は、物語を構築するうえで大切なのです。

私は日本という国を愛していますし、日本で共に仕事をする人たちに対しても愛情を持っています。一緒にいるのが楽しいですし、彼らを尊敬しています。一度始めた私たちの愛の物語が、けっして終わらないことを祈っています。なぜなら、今も彼らと物語を構築している最中だからです。

愛とは、**自分の運命的な相手と出会って、共に人生を歩むという関係性**なのです」

ビジネスに愛は不可欠です。
相手に対する敬意を持ち、
深い愛情を抱き、愛の物語を共に構築することです。

ビジネスを成功させたいと思うなら、そこには共に仕事を進めていく人間どうしの愛がなければならないとルネは言う。

「たとえばチームで一緒に仕事をしていくとしたら、そこには必ず深い愛情が生まれてくるものです。そこには、単なる仕事の関係を超越した関係性があるのです。それはもはや友達以上であり、お互いに共感しあう関係、語弊を怖れずに言えば恋愛関係に近いといってもいいくらいです」

そのとおり！　と膝を打つ方もいれば、職種や会社によっては、あながちそうとは言い切れない、という方もいるかもしれない。だが、ルネは「人生や仕事におけるあらゆるものは、私の一部なのですから」と言う。

「私が誰かのために仕事をするときには、相手に対する敬意を持ち、さらにはその人のことを大好きになります。その人が苦しんでいれば私も苦しみ、その人が幸せなら私も幸せになるくらい、相手のことを大切に思うのです。これは、ビジネスというレベルで簡単に割り切れるものではありません。もちろん、生きるためのお金を得ることは必要。でもお金が最優先ではないことも確かなのです。

一緒に仕事をする人に対して愛情を持ち、そして愛の物語を共に構築したいという思いを抱かなければ、おそらくどんな分野でも、良い仕事を残すのは難しいはずです。

私の考えでは、人は、人間関係全般において、仕事の場合でも、お互いに相手に気に入られようとするものなのです。いつも誘惑し合う関係性によってお互いが好意を持ち続けることが、その事業を継続していくうえでは大切なのです」

あらゆる問題は解決できる。
官僚主義は、技術的な問題にすぎません。

官僚主義というとマイナスのイメージが強く、人間らしさの反対物、諸悪の根源であるかのように言われることが多いが、ルネの考え方は少し違う。

「私は官僚主義、そして政治家たちをとても尊重しています。働く仕組みに応じてのシステムは必要ですから。官僚主義は、私の目から見れば技術的な問題なのです。日本での大きな難問は、三、四年ごとに人が変わってしまうということにあると思います。三年あると一緒にチームの仕事を始め、お互いのことを知り合って、物事の見方を共有できるようになるというのに、それがストップして、新しい人が来る。そうするとまたゼロから理解と信頼を築くことを始めなければならない。

世界に知られるカンヌ映画祭は六十年前からやっていますね。アヴィニョン演劇祭も七十年前から続いています。ラ・フォル・ジュルネも今後そうなっていく可能性を秘めている。三十年、四十年と続いていく長期的プロジェクトには、常にかかわり続けてダイナミックに仕切る人がやはり必要なのです」

ルネは**官僚主義をいたずらに敵視しない**。むしろ尊重しつつ、問題点を明確に見据えようとする。

「できるだけ上の立場の人に会って、直接話をすることが大事です。トップの人は、かなりの割合において人間的にも素晴らしく、知性ある人物であることが多いですから。そういう接触の機会を何とかして手探りするのです。あらゆる問題は解決可能です。私はスポーツ選手と同じで、常に物事をポジティブにとらえています。人々を信頼していますし、解決の**鍵は必ず見つけ出すことができる**」

官僚的組織のトップへの敬意を忘れずに、しかし堂々と自分の意見を述べ、議論することのできる人物を探すこと。そこに打開への道はある。

やるとなったら徹底的にやらなければなりません。
そのためには、最後まで到達するためのエネルギーを
自分の中に見つけることです。

ルネ・マルタンにとって、**冒険的であるということは、同時に入念であること**を意味する。それが彼が音楽ビジネスにおいて大きな成功を収めてきた基本的態度である。

「どんなに表向き冒険的に見える企画であろうと、その道筋を作るための準備には必ず入念に時間をかけます。また、細部まで分析をします。新しい音楽祭を作るとき、どう組織化していくのか、あるいはその基本方針や企画の一貫性について熟考を重ねるのです。特に重要なのは、どういう人に対して向きあうべきか、どういう人にコンタクトをとるか、あるいはどういう人たちに呼びかけるべきかという、コミュニケーションの要素についてしっかりと考えることです。どうしてもリスクは伴いますが、それは**よく計算されたリスクであるべき**です。そういう時こそ、企画は大胆さを増し、独創的になるのです」

ルネはそういったビジネスの基本姿勢を、スポーツに近いイメージで捉えている。失敗があろうと、その原因を冷静に分析することはしても、へこたれることはまったくない。いったんやると決めたからには、無限のバイタリティで積極的に立ち向かっていく。

「勝利を収めるために準備をするスポーツ選手と似ていますね。私にとって、この仕事はチームでの仕事です。この**チームで勝利を収めるために準備し、そのためにできることはすべてします**。やるとなったら徹底的にやらなければなりません。音楽祭やコンサートの企画を検討するときも同じです。常に忘れてはならないのは、最後までやり抜き、到達するためのエネルギーを自分の中に見つけることです」

できるだけ人と直接会って、
細やかに話をしてください。

会社経営に携わるほとんどの人々の頭を占めるのは、やはり資金繰りのことであろう。冒険どころではないかもしれない。以下はルネからのそんな経営者たちへのアドバイスだ。

「もちろん、私の頭の中でもプロジェクトを立てるときは常に巨額の資金繰りのことを気にしています。パトロンとメセナを見つけなければいけないし、プロダクトの資金も都合しなければいけない。

大切なのは、どんなプロジェクトにおいても、コミュニケーションやオーガナイズの技術が必要となってくるということです。たとえば電化製品を生産して販売するにしても、そこには社内的にも社外的にも**コミュニケーションの問題**が必ず介在してきます。そこをしっかりコントロールするのです。まず優先順位を決めること。

私は数千枚、数万枚のチケットを売るという仕事を熟知していますが、それでも毎年ゼロから始めるのです。

そして、あるプロジェクトが終わったら必ず、何か問題点がなかったかと**振り返る時間**をとっています。たとえ大成功を収めたとしても、より良い結果を得られる道があったのではないか、ここは偶然うまく行ったけれど、次回に向けて注意すべき点ではないだろうか、といった風に見直していきます。これは大切なことです。

チームで仕事をするときには愛情を互いに必ず持ってください。信頼関係は、そこに愛があるから結ばれるのです。できるだけ**人と直接会って**、細やかに話をしてください。常に**注意深く周囲を見て**、スタッフの、顧客の表情を見逃さないようにしてください。私は必ずそれらのことを自分に課しているのです」

初期の精神性を維持することこそが、
企画の継続につながっていくのです。

どんなビジネスであっても、当初の狙いが外れてしまい、思ったような収益が上げられない、集客がうまく行かない、といったことは、多くの人に経験があることだろう。ルネは、失敗に対してはこれまでどのように対処してきたのだろう。

「企画には細かい失敗は必ずつきものです。ただし、物事は常に明晰にしておかなければいけません。どこで失敗が起きたのかを明確にし、次回にきちんと改善をするためにも。大きな失敗をしないということがもっとも大切ですが、企画の細部にまで注意を払わなくてはなりません。イベントがひとつ終わったら、どこをどう改善すべきか、必ず**批判的な分析をするべき**です。こうして自らの経験から教訓を引き出すのです。けっしておごり高ぶらず、たとえ企画が大成功であっても、**常に明晰かつ謙虚であるべき**です」

コミュニケーションの不足は、特に失敗の前兆として危惧されることが多いとルネは言う。

「開放的なコミュニケーションの雰囲気を保つことは特に重要です。チームの担当者が入れ替わったときに、それがなくなりやすいのも気をつけなければいけません」

引き継ぎや人事の配置換えによって、それまでの成り行きや精神性をまったく知らずにやってくる人が、その事業を何の未練もなく表面的印象や数字だけを見て、簡単に葬り去ってしまうことはよくあることだ。

「そんなときに我々がやるべきいちばん大切なことは、その事業の原点、初期の精神を取り戻すことです。特に文化的企画の場合、ひとつのストーリーを持っていることが効果的です。**初期の精神性を維持する**ことこそが、企画の継続につながっていくのです」

「新しい耳」を常に
自分の中に持たなければいけません。

音楽祭プロデューサーとして、ルネ・マルタンは常にさまざまなアーティストの情報を集め、演奏を聴き、会って話をし、次の年のゲストとして招くかどうかを決めなければいけない立場にある。それだけでなく、招いたアーティストの演奏も聴き、楽屋に顔を出し、終演後のパーティではなるべく直接コミュニケーションをこまめにとるように心がけている。

そうやってアーティストと接し、誰を次に呼ぶかを決めるとき、やはり耳が大きな決め手となってくる。

「新しい耳を常に自分の中に持たなければいけないと思っています。あるアーティストを別のアーティストと比べて差別するような偏見やバリアはできるだけ持ちたくありません。ですから**優先順位はつけない**ようにしています。たとえば昨夜デニス・マツーエフが、パワフルで特別なシューマンを弾きました。それはアダム・ラルームともニコラ・アンゲリッシュともまったく異なるものです。ですが、私としては三人に順位はつけたくない。彼らがここに集まってそれぞれのやり方でシューマンを弾くということが大切なのだと思います。

もちろん、私にも自分なりのはっきりとした意見というものはありますよ。自分の手掛けたコンサートや自分の聴くものに対しては、どんな細かい点にも目を光らせていますし、できるだけ批判的であろうとしています。けれども、その**批判は建設的なものであるべき**です。たとえば、あるピアニストを聴いたときに、〝こうすべきだ〟などとは私はいっさい言いません。まずは少しずつその人を知るという態度が肝要です。わかってくるにつれて、プログラミングでこういう演奏が聴きたいと、小出しに提案するのです」

「聴く」ということと、
「静寂を知る」ということは、
私たちの心の扉を開くための二つの鍵なのです。

音楽が、人間の人生に及ぼす力について、ルネはこう語る。

「二〇歳の若者にとって、モーツァルトの協奏曲を理解することは、最高に美しい体験であり、真の豊かさだと思うのです。モーツァルトが作品で何を言っているかを理解すれば、その後の生き方は間違いなく変わるでしょう。私たちの人生はより高く引きあげられていくのです。若い人は、モーツァルトの協奏曲の第九番や第二一番を聴くべきです。そうすれば——人生の神秘の深いところで扉が開くという体験を味わうことができるのですから」

扉が開く、という体験についてルネは繰り返し強調する。

「音楽の豊かさを得るためには、たしかに訓練が必要です。音楽はひとりでにわかるようになるものですが、慣れ親しむには根気がいりますから。しかし、その訓練が私たちを成長させてくれる。心の扉を開いてくれる。音楽とは何よりもまず、**聴くということを学ぶ場所であり、同時に静寂なしには存在できない**ものだからです。それこそが私たちの心の扉を開くための二つの鍵です。しかし、音楽と出会い、愛するためには、コミュニティがないといけません。それは信仰と似ています。豊かな祈りに満ちた人生を送ることができても、その祈りは、グループの一員に入らないと、何かが欠落してしまうと思うのです。私たちは、家族や恋人との緊密な関係を必要としますが、同時に、**周囲にいる多くの人たちと思いを共にする**ことも必要なのです。モーツァルトのコンサートで、私たちはモーツァルトが自分だけに語りかけていると感じますが、あふれるほどの感謝の思いが、他者へと私を導いてくれるという気もするのです」

自分の中に美しい風景を、
栄養として取り入れるようにしています。

ルネは、一年のうち夏のほぼ一カ月間を、南仏プロヴァンス、リュベロン地方の山岳地帯の麓《ふもと》の村でおこなわれる、ラ・ロック・ダンテロン国際ピアノ音楽祭にあてている。この音楽祭を創設した一九八一年以来、ルネはこの地域をくまなくめぐり、あらゆる美しい場所を探し求めて、荒涼とした中世の修道院や教会、レジスタンスの兵士たちがドイツ軍によって絶滅させられた廃墟、山奥の一軒家のチーズ農家、挙句の果てには、地元の消防士が常駐する寂しい山の頂上の火の見やぐらにまで、ひとりで足しげく通い詰めている。それは仕事の役に立つ、立たないという次元を超えている。

「一個人として、自分の中にどうしても、**美しい風景を栄養として取り入れる**ことを必要としているのです」

ルネが日本にこだわるのも、その美しい風景を見出しているということも大きな理由になっている。

「日本という国のバランス、美しいものがあたりまえに存在する生活が好きなのです。たとえば風景であったり、庭づくりであったり、人々の身のこなしであったり、そういったかけがえのないものが日本にはたくさんあるのです」

ルネの好きな場所は、ある美しい景色というだけでなく、そこに静寂な音の時間があることも大切である。

「宇宙でいちばん美しい音は、鳥のさえずりです。ラ・ロック・ダンテロンのメイン会場であるフロラン城公園は〝緑の聖堂〟です。こういう場所に足を踏み入れると、教会にいるときとまったく同じように、自分だけの独特の空間ならではの静寂に捉えられるのです。**場所、風景というのは私にとって何よりも大切で、本質にかかわる**ことであり、すべての方向性を決めるほどの問題なのです」

力のある「場所」を選ばなければなりません。

コンサートをおこなうにせよ、孤独な思索をめぐらせ、重要な決断を下すにせよ、それをする「場所」がどんな力を持っているかが大切だとルネ・マルタンは考える。ビスケット工場の廃屋、12世紀の修道院の回廊、巨樹に囲まれた草原のほとりの池の上……ルネはあっと驚くような「場所」を探し出し、ここに音楽を持ってきたらどれだけ素晴らしいだろうかと想像をめぐらし、奇想天外な夢の実現に向けて、着実に行動してきた。

「強い精神性に満ちた場所、神秘性を感じさせる静寂な場所に対する鋭敏な感覚が必要です。リスト、メンデルスゾーン、メシアン、マーラーなど、場所からインスピレーションを得た作曲家は数多いのですから」

そうしたこだわりは、ルネに最大の影響を与えたロシアの巨匠ピアニスト、スヴャトスラフ・リヒテルによるところも大きいようだ。

「リヒテルの場所に対する要求は、精神的な意味で非常に高いものでした。コンサートのみならず、仲間でテーブルを囲んで食事するという喜びのためにも、常に洗練された、シンプルだが**特別な場所**を求める人でした」

場所に対する偏愛は、ときに常軌を逸したところにまでルネを連れて行く。誰も近づかないような岩山の頂上の火事の見張り塔。レジスタンスの抵抗者たちがナチス軍に皆殺しにされた山奥の修道院跡。あらゆる興味深い場所をルネは好み、たとえコンサートをおこなわなくとも、ただ自分だけのために足を運び、そこからエネルギーを得ている。

「**力のある場所**を選ばなければいけません。私は神秘主義者です。神秘の揺らめきを得るために、魂をそうしたさまざまな場所に連れて行くのです」

「あなたが必要なときにはいつも私はそこにいる。
尊敬する相手のためなら、できることは何でもやる。
そして彼らの要求に応じられる自分でありたいと思う」

——ロシアの巨匠ピアニスト、スヴャトスラフ・リヒテルは
若かりしルネ・マルタンに大きな影響を与えた音楽家のひとり

〝知識への鍵〟

――それは、選択する能力、

そしてひとりの人間として成熟する力のことです。

ルネ・マルタンは音楽教育ということの意味を、大きく社会的なスケールで考えている。

「シェイクスピアの戯曲を理解する、ベートーヴェンの交響曲を理解する、ということは、子どもか大人かを問わず、ひとりの人間の人生にとってもっとも価値のあることではないでしょうか。教育の本当の意味とはそういうことです。それを優先的に考えることができれば、世界は必ずもっとよくなる。

クラシック音楽においていちばん豊かなこととは、聴くことを学ぶこと、つまり、静寂というものを学ぶことです。そして、クラシック音楽は国境も言葉も越えて、誰の心をも感動させることができる。ショパンやモーツァルトの作品を聴けば聴くほど、より理解が深まり、人生においてもっとも豊かな価値を手にすることができるのですから」

ルネにとって音楽は、単にエンタテインメント、耳の愉しみというだけにはとどまらない。クラシック音楽の広義の教育的意味ということについて、ルネはこう言い換える。

「それは、できるだけ多くの聴衆に〝**知識への鍵**〟を提供する、ということにもつながってきます。その〝知識への鍵〟というのは、選択する力、そしてひとりの人間として成熟する力のことを指します。

ですから、結局のところ、クラシック音楽に出資する支援企業は、知的な人間、責任感のある人間を育成するという意味で、得をするのです。もし私が大企業の社長なら、メセナをする際に注目するのは、有名演奏家がその企画に参加しているかどうかではなく、どのような内容か、どのような知識への鍵を提供しているか、ということです」

子どもとは、言葉にし難いほどの、真の豊かさそのもの。
常に子どもたちに近づくようにするべきです。

子どもとは――「言葉にし難いほどの、真の豊かさそのもの」であり、「前に進むための足掛かり」であり、「命そのもの」だ――とルネは言う。そんな子どもたちのために、ルネは何をしているのだろう。

「まずは、常に子どもたちに近づくようにするべきですね。彼らには先入観がなく、自然体で、〝好きだ〟という反応は瞬間的です。それを見るのが大好きなのです」

幼い子どもと一緒にいるルネの様子は、まさにこの「見る」という行為に尽きる。何かをして遊ぶ相手をしてあげる、というよりは、ほとんどが大人どうしの会話に興じていたり、得意の料理を作ったり、お皿を下げたり、忙しくあれこれの家事をやったりしている。ただそれでも、目だけは子どもから離さない。ただ笑顔でじっと見ている。ルネ自身が子どもから多くを得ているのだ。

ルネが繰り返し強調するのは、「子どもたちにとって真の豊かさとなりうる」音楽と出会うチャンスを作るために、あらゆる手段を尽くすべきだということだ。

「子どもが小さいからといって怖がらずに、バッハやモーツァルトを聴かせるべきですね。うちでは子どもを寝かしつけるときにいつもそうしています。そうすることで、**音楽が子どもたちにとっての世界の一部になっていく**。

特に重要なのは楽器を弾かせることです。彼らを抽象的な世界に送り込むことのできるもっとも効果的な手段だからです。ピアノを弾かせるとき、右手はト音記号で左手はヘ音記号ですが、これは子どもにとって数学の世界です。クラシック音楽は何よりも静寂、集中力、聴く力、そして聴き取ることへの欲求を学ぶための最高の学び舎です。音楽を学んだ子どもは、のちに学力で行き詰まることはないといわれているのです」

家族とはすなわち愛であり、
前に進むための足掛かりを与えてくれるのが
子どもたちなのです。

ルネ・マルタンは二度結婚している。最初の妻はすでに亡くなっており、今結婚しているのは二人目の妻だ。最初の妻との間に生まれた三人の子どもたちはすでに成人しており、それぞれ音楽と映像・美術を結びつける関連の仕事についている。孫は合計四人生まれている。また、二人目の妻との間には二人の幼い子どもがいる。

「家族とはすなわち愛だと思っています。そして子どもは豊かさそのもの、言葉にしがたいほどの豊かさです。**前に進むための足掛かりを与えてくれるのは子どもたち**です。子どもたちにはそれぞれ、自由な生き方をしていってほしい。そばで過ごしている小さな子どもたちはもちろんのこと、離れたところで暮らしている子どもたちにも、それぞれが望むことを確かに叶える人生を歩んでほしいと願っています」

ルネがプロデュースする音楽祭には、子どもたちや孫たちが続々と集まってくる。多忙を極める仕事のさなかであっても、家族と過ごす時間だけは大切にしている。

「これはキリスト教の教えの本質でもあるのですが、愛をどのように感じるか、ということなのだと思います。仕事があるから家族の面倒が見られない、何かのために他の何かができなくなる、というような言い訳をしてしまいがちですが、私は、最大限に**すべての愛をうまく進め、構築していきたい**。いわゆるビジネスランチのような中途半端なものは基本的にはすべてお断りして、できる限り毎日家で子どもたちと一緒にいられる時間を少しでも作るようにしています。子どもとは――命とイコールであり、命そのものなのですから」

セックスとは、自分のなかのバランスをとるための
鍵のひとつです。

人生と音楽、仕事と愛、家庭といった問題を総合的に考えるうえで、セックスの問題は実はけっして避けて通れないものだ。ルネはこう語る。

「私にとって**性とはバランスをとるための鍵**のひとつです。じっさいセックスにはたいへん重きを置いていますし、この主題に非常に関心を持っています。エロティシズムにはかなり心惹かれるものがあります。**自分らしく生きるために**も、性的なことにはうまく対処していかなければなりません。

自己実現をしたいならば、自分の身体とうまくいっていなければなりません。ですから自分自身の性や身体を受け入れることは、私にとって重要なテーマなのです。私は二度結婚していますが、夫婦としてうまくいくということは、性的な面でうまくいくということでもあると思っています。セックスは夫婦関係を豊かにしてくれますからね。

音楽はとても官能的なものですが、それはエロティシズムとかなり近いところにあるといえるでしょう。こうした事柄は、私の中ではすべて不可分に結びついているのです」

日本では性をいたずらに貶《おとし》め、商品化する一方で、人生の重要問題として扱うことについて、むしろ隠す傾向にある。家庭でも親たちは性教育には消極的であるが、フランスではそこが大きく違うようだ。

「我が家では性はけっしてタブーではありませんでしたし、子どももいつも性の話をしてきました。フランスでは性はとても大切なものとして、みな大らかに話をします。**人生において、性にはしかるべき位置を与えてやらなければいけません**。隠していてはいけません。物事を実現させたいのなら、自分で自分の身体を受け入れ、バランスをとらなくてはならないのです」

待ち焦がれることや欲望することは、
何よりも官能的なものです。

ロベルト・シューマンとその妻クララと、若きブラームスとの関係は、音楽史のなかのもっとも興味深い三角関係である。ルネは「クララ・シューマンとブラームスの関係はおそらくプラトニックだったと思うが、もし二人がフランス人だったらそうではなかっただろう」と言ったことがある。二人の間は友情などではなく、肉体関係があったと断言する人もいる。真偽はともかく、ルネはこう付け加える。

「たくさんの大作家や大芸術家が**『三人婚（三人家庭）ménage à trois』**を受け入れていたということを考えてみる必要はあると思います。日本にそういうものがあるかどうかは存じませんが、ヨーロッパにはあるのです。歴史を学ぶにつれて、私は、そのようなアーティストはより人間的なのではないかと思うようになりました。そういう状況には必ず苦しみが伴うはずですが、彼らには他の生き方はできなかったのでしょうね。グスタフ・マーラーの妻アルマの恋愛遍歴を考えてごらんなさい。彼らにとってセックスがどれだけ大事なものだったかがわかります」

キスやセックスの意味について、ルネはこう言う。

「フランスではよく、セックスで絶頂に達することを〝死ぬ〟と言ったりします。極度のオルガスムは死に近いものであると。欲望が生まれどんどん強まっていけば、キスも絶大な力を生み出すでしょう。待ち焦がれることや欲望することこそ、何よりも官能的なものです。だからこそ、ただのセックスのためのセックスというものを私はあまり信じていないのです。逆に、**誰かに対する強い好意を持ち続けるということこそ、セックス以上に恋愛関係に近い**ものなのかもしれません」

誰かと話しているときに、
こうやって自然と手が触れる。
それは友情のしるしなのです。

フランスでは、挨拶代わりに誰もが両頬にキスをする美しい習慣がある。それは特別に性的なことを意味しない。ごく自然なことなのである。七十歳、八十歳であろうと、誰かとキスを交わさない日はないというのは、日本人から見るととてもうらやましいことでもある。

「私たちフランス人は、こんにちは、こんばんはの挨拶とともにキスをします。事務所でも毎朝おはようといって男女問わずキスをしています。

私はかなり触覚型の人間だと思います。誰かと話しているときも、こうやって自然と手が触れることがありますが、それは友情のしるしなのです。そこには曖昧さはありません。別に恋愛関係になりたいから触っているのではないのです。相手のほうも拒否したりしませんしね」

接触はごく普通に、大切なコミュニケーションの一手段なのだ。ちょっと触れただけでセクハラと言われかねない日本とは大きな違いだが、その違いは単なる社会的習慣にとどまらない、ある素敵な考え方をも示している。

「私は男女の間の友情というものを信じています。**大恋愛も結局のところ、多くの場合は友情関係**だと思っています。よく一緒に仕事をする相手、とても信頼している相手のことを、ある意味では私は愛しているのだと思います。男性であろうと女性であろうと——そういう気持ちがなければ一緒に仕事はできませんから。手紙を書くときにも、文末に〝キスを送ります〟とか〝あなたに会えなくて寂しい〟などという言葉を書きますが、そう書くときには本当にそう思っているのです。それは浮気というようなものではありません。**人は同時に複数の人を愛することができる**のです」

夫婦で生きるとは、
日々新しく夫婦の関係を構築するということです。

現在ルネは二人目の妻と結婚しており、幼い子どもが二人いる。ルネが心から家庭を大切にし、妻を愛していることは、傍目からもはっきりと感じられる。

「夫婦で生きるとは、日々新しく夫婦関係を築くということです。それは完全な信頼関係といってもいいくらいです」

とはいうものの、ルネには女友達がたくさんいる。夫婦関係と、異性との友人関係はどう両立しているのだろう。

「私には、強い友情で結ばれたきょうだいどうしのような関係の女性の友人はいます。欲望はあれどもセックスが介入しないかたちでの情熱的な男女の友人関係は、かけがえがなく、また驚くべき強さを持ち得ると思いますが、それは浮気ではないのです。日本でもそういうものはあると思うのですが。

ところでリルケは『若き詩人への手紙』のなかで、こんな根源的なことを書いています。――人はいつでもひとり、心底からひとりである。自分の中の豊かさを見出し、内面に入り込んでいくためには、孤独でなければならない、と。夫婦とは、隣にいながらもお互いに孤独を抱えて生きているものだと私は思っています。でも、そうした孤独を分かち合ったり、お互いに支え合ったりすることはできます。

しかし、そこに所有欲が入り込んでくれば悲惨なことになるでしょう。もし妻が親しい男友達と三回続けてランチに行くと言っても私はもちろんOKです。**人は誰かの所有物ではない**のですから。だから、**夫婦として生きることとは何かを毎日新しく構築していくこと**だと申し上げたいのです」

ひとつの物語が破綻したとしても、
別の物語を構築することによって、
人生に必要なバランスを見つけることができます。

ルネは一人目の妻とは破局を迎え、一度離婚を経験している。

「誰かと人生を共にするなら、婚約以降は二人で一緒に生きるという人生の約束を守るために全力を尽くすと言いたいものです。けれども年を追うごとに気持ちは変化していくかもしれません。私の最初のラブストーリーはたいへんつらい結末を迎えました。私が彼女を非難した唯一の点は、一瞬でも本気で別の人を愛したという点です。日々夫婦で物語を構築したいという気持ちがあっても、必ずしも結果が伴うとは限りません」

フランスでは、もし妻が他の男性と関係を持ったとしたら、夫は悲しんだり暴力的になったりするかもしれないが、結局、「人生そんなものさ」と受け入れてしまうのだという。

「妻は他に愛する人ができて、私のもとを去っていきました。私にどうすることができたでしょう？ もちろん新たな物語を再構築しようとはしましたが、無理でした。それで思ったのは、我々二人は**それぞれに新しく何かを構築してそれを豊かにしていく必要がある**のだということでした。私には三人の子どもがいましたので、優先事項はともかく子どもをしっかり育てることでした。離婚の際にはおそらく夫婦よりも子どものほうが痛手を受けることでしょう。私も妻もその点では賢明な人間でしたから、それぞれがバランスの取れた人生を歩んでいけるよう――私の場合はさまざまな仕事に取り組んだわけですが――別の物語を構築したのです。つまり、ひとつの物語が破綻したとしても、別の物語を構築することによって、人は強くいられるし、必要なバランスを見つけることは可能なのです」

「自分の中に美しい風景を、栄養として取り入れるようにしています。
場所、風景というのは私にとって何よりも大切で、本質にかかわることであり、すべての方向性を決めるほどの問題なのです」

——「ラ・ロック・ダンテロン国際ピアノ音楽祭」のおこなわれる
南仏プロヴァンス、リュベロン地方の村々の間にはこうした風景が広がる

自分自身の人生をまっとうするためには、
他の人の人生を傍らに感じることが必要です。

ルネはこれまでの仕事の中で、数多くの演奏家たちの悩みを聞く立場にもなってきた。音楽上の問題ばかりではなく、家族などのプライベートな事柄、マネージャーを変えたほうがよいかどうかといったことまで……。

「何が最悪か。それは演奏家が孤独の中に落ちてしまうことです。人々から、社会から取り残されたようになり、自信を失ってしまうことです。そもそも観客はアーティストのことを遠く離れた、自分とは接点のない、雲の上の存在だと思い込みがちなものです。でも、彼らを隔離してしまってはいけません。彼らも同じように生きているのですから。人生の心配事は同じです。恋もすれば失敗もするし、子どもの問題でも悩んでいます」

だからこそ、ラ・フォル・ジュルネでは、ルネはアーティストを気軽に話しかけやすい隣人のような存在にした。それはクラシック音楽を親しみやすくするためだけではない。アーティストの側にとっても必要なことでもある。

「自分自身の人生をまっとうするためには、**他の人の人生を傍らに感じること**は、誰にとってもいちばん大切なことなのです。いずれにしても、私たちは孤独の中に生きていることは確かです。詩人のリルケは『若き詩人への手紙』のなかで、『**何かを作ることは孤独の中の作業**なのだから、表現として自分の満足できるものを探すためには、自分自身のいちばん内奥まで深く潜って行って真実を見つけるしかない。だがそのためには、他の人の存在をそばに感じることも必要だ』という意味のことを言っています」

これはラ・フォル・ジュルネの音楽祭としての根本精神であるとともに、ルネの人生観の核心をなす考え方ともいえるだろう。

民主主義の本質とは、
他者を受け容れること、
自分とは異なる考え方を尊重すること、
お互いの価値観を共有することです。

自由・平等・友愛を基本理念とした近代の民主主義は、フランスから始まっている。音楽の民主化を標榜するラ・フォル・ジュルネは、その名前の由来をフランス革命を引き起こすきっかけとなったボーマルシェの戯曲『フィガロの結婚』（のちにモーツァルトのオペラとなった）の副題「おかしな（狂った）一日」からとっている。その創設者であるルネは、この民主主義の原則についてこう語る。

「民主主義の本質とは、他者を受け容れるということ。自分とは異なる他人の考え方や価値観をリスペクトすること、そして、お互いの価値観を共有することです。だからこそ、**多様な音楽を理解し、その美しさに敬意を払い、楽しみ、分かち合うということは民主主義と同じこと**、イコールなのです」

ルネの言葉は明快である。そこにはよく日本で言われる「多数決」などという言葉はまったく出てこない。もっと民主主義の根本へと立ち返ろうとする。

「音楽はあらゆる人のものです。エリートや富裕層だけのものではけっしてありません。ありとあらゆる人には、クラシック音楽を**愛する権利**があるのです。それが音楽の民主主義ということです。あらゆる人が、自分の中に豊かなものを持っています。それは多様な美しいものを愛する感性のことです。それは、たとえそれまで環境に恵まれなかったとしても、ふとした出会いがきっかけで、一気に新しい扉を開くことになるかもしれない。だから私は世界中で生まれた子どもたちに、たとえばシューベルトの音楽を発見する機会が必ず得られるようにしたい」

ルネにとっての民主主義は、異なるものを排除しないということ、多様性を認めるということ、そして、誰しもが享受しうる権利の問題なのだ。

テロで殺し合うのは、
宗教どうしではなく、人間どうしです。
歴史的にみるならば、宗教によって殺される人は
むしろ少なくなってきています。
そして芸術とは、人間の持つ賢明さの象徴なのです。

「我々」の神を信じるか、それとも「彼ら」の神を信じるか――という対立は、いまや世界各地での紛争の発端となっている。フランスでも近年テロ事件も多発しているが、そういった問題について、キリスト教徒であるルネはどのように考えているのだろう。

「実は宗教が問題だとは私は思っていません。殺し合うのは宗教どうしではなく、人間どうしです。中世に比べれば、宗教によって人が人を殺すということはむしろ少なくなってきている。そう私は歴史を認識しています。そして**芸術というものは、人間の持つ賢明さの象徴です**」

宗教、国家、民族といったあらゆる対立を乗り越えていくための共通の価値と賢明さは、芸術に求めることができるとルネは言う。仏教徒であろうがイスラム教徒であろうがキリスト教徒であろうが、等しくベートーヴェンを素晴らしく演奏できる可能性はあるのだから。

「ひとりのアーティストに出会い、その**演奏を点ではなく線として聴く**ことが大切です。若い頃は未熟だったのが、年を追うごとに賢さを身に付けていく――それは演奏家も聴き手も同じことです。たとえばピアニストのアブデル・ラーマン・エル＝バシャがいい例ですね。彼の成すことはある意味、霊性の追求です。そのみごとな演奏は、徐々に余計なものがそぎ落とされて、本質にかえっていく印象を受けるのです。彼のように、**さらなる高みをめざし、人間的にも深いものをめざすことができる人に出会う**ことができるのが、芸術の世界です」

宗教音楽とは、私たちを超越した力の敏感な顕《あらわ》れです。

ルネは自他ともに認める敬虔なカトリック教徒であるが、宗教音楽の及ぼす力は、信仰の有無をはるかに超えたものだと語る。

「宗教音楽は、誰でも手にすることができる**天からの贈り物**です。たとえば、バッハの『ヨハネ受難曲』や『マタイ受難曲』は、私たちの伴侶となり、私たちを成長させてくれます。『レクイエム』の名作を書いたフォーレは、自身が無神論者であることを表明していますが、それでも、こうした作品を聴くことで、修道院を訪れたような印象を受け、誰しもが、ひとときの心の安らぎを得られるはずです。宗教音楽とは、私たちを超越した力の敏感な顕《あらわ》れなのです。それは、キリスト教徒でなくとも、たとえ無神論者であっても、**人生を揺り動かす力を持っている**のです」

その豊かな力を、ルネはあらゆる場所へと運び出そうとする。ナントではラ・フォル・ジュルネのかたわら、拘置所や公民館、病院、介護施設などでのコンサートをおこなっているのも、そのひとつである。

「音楽とは普遍的であり、誰にでも手の届くものでなければなりません。そして、**人々に幸福をもたらすというのは、何よりもまず人々に敬意を払うことです**。エリートであろうと、どんな人であろうと音楽の前には平等です。だからこそ、国際的に名高い演奏家であろうと、監獄や病院に演奏しに行くのです」

たとえ宗教音楽でなくとも、ときにルネはそこにスピリチュアルな要素を見出している。

「モーツァルトの協奏曲やバルトークの作品など、次元を超えた広がりを持っている作品はたくさんあります。私にとって、ある種の音楽は**祈りが姿を変えたもの**でもあるのです。それらはみな、聴き手を高めてくれるものなのです」

社会が悲劇的な状況にあるとき、
他の人たちの存在を近くに感じること、
何かを分かち合う時間を持つことが必要になってきます。
そこに音楽の役割があるのです。

フランスでのテロ、日本で近い将来に再び来るであろう震災など、大きな破壊や暴力に社会が直面する事態はこれからもたびたび起こるに違いない。そんなときに音楽は何ができるとルネは考えているのだろう。

「そういうときに、とにかく、閉じこもるべきではない。安全性を考慮して避難するのは正しい。しかし、社会が悲劇的な状況にあるときほど、他の人たちの存在を近くに感じることが、直ちに必要になってくるのです。みんなが顔を合わせ、みんなが一緒にいる場所が、何かを**分かち合う時間を持つ**ことが、より強く必要になってくる。

たとえば、音楽好きの人たちであれば、みんなが苦しいときほど、モーツァルトの協奏曲を一緒に聴く、といったことによって、友愛の心を感じることはとても大事なのです。そうすることで、痛みや苦悩をやわらげることができる。そこに音楽の役割がある」

食糧、衣料、電気、水、通信といったインフラの回復が災害時にはまず最優先で必要とされるのは当然のことである。だが、それと同じくらい緊急に必要とされるものを忘れてはならない、とルネは言う。

「それは、**他の人の存在**です。誰かがそばにいてくれることです。そこに心があることです。テロでも震災でも同じで、とてつもなく大きな悲劇に襲われたときほど、誰しもひとりではいたくないという気持ちが働くことを忘れてはなりません。そういうときに音楽が——美しい詩というものが——必要になってくるのです」

私たちは娯楽をただ提供しているのではありません。
それはひとつの団結、連帯の姿なのです。

二〇一一年三月の震災と津波、そして原発事故の影響で人々が不安に襲われるなか、多くの来日公演が中止される事態が起こったのは記憶に新しい。その直後のゴールデンウィークに予定されていたラ・フォル・ジュルネも、当然中止になるだろうと誰もが思ったが、「絶対に日本でも開催する」というルネの意志は固かった。

「今だからこそ絶対に行くべきだ、と予定していたアーティスト全員を必死に説得しました。キャンセルした人もたくさんいましたが、むしろ他の予定をキャンセルしてまでも行きたい、と言ってくれた人も大勢いたのです。日本のために何かがしたいと……」

もしラ・フォル・ジュルネまでもがキャンセルになったら――他の規模の大きな来日公演も続々と中止になり、日本の音楽ファンは世界から孤立し見捨てられた状況になりかねない、そんなぎりぎりの瀬戸際での開催であった。

「あの年の日本でのラ・フォル・ジュルネは、私の人生にとっても、本当に心を揺り動かす、強烈な体験でした。私たちは娯楽をただ提供しているのではない、それは**ひとつの団結、連帯の姿**なのだということを身をもって示すことができたのです。新潟でのラ・フォル・ジュルネでは、被災したオーケストラということで仙台フィルが来て、ベートーヴェンの『皇帝』をやったのですが、〝仙台フィルがんばれ、仙台フィルありがとう〟という大きな布が広げられて、あのときホールに集まった人たちはみんな泣いていました。そこで撮った写真は一生大事にしています。あれだけの悲劇的なことがあっても、何があろうと、最後にはベートーヴェンが勝利を収める――そういう写真ですから」

クラシック音楽とは、魂の言葉にほかなりません。

ルネは、自分自身のことをしばしば「神秘主義者」だという。

「たとえばラ・ロック・ダンテロン国際ピアノ音楽祭の『ニュイ・ド・ピアノ（ピアノの夜）』というコンサートで、二千人の人たちが野外会場でベートーヴェンのピアノ協奏曲第四番を共に聴いたとき、そこには皆でコミュニオンの場を共有したという感じがありました」

「コミュニオン」とは、キリスト教における聖餐《せいさん》を意味する言葉である。つまり、ミサにおいてキリストの身体と血を意味するパンと葡萄酒にあずかる儀式、もしくは信徒どうしの共同体的な交わりを意味する。敬虔なカトリック教徒であるルネがこの言葉を使うときには、「聖なる秘跡」と言っていいほどの特別な意味が込められている。

「あの場所での私たち聴衆どうしの関係性は、たとえ話す言葉が異なろうとも、それまでに出会ったことがなくとも、同じ場所で同じ時間を共有し、そのために皆が集まったということであり、**それは聖なる奇跡のようなもの**なのです。ベートーヴェンの音楽を前にして、かけがえのない時間を共に過ごすことができたのですから。そして、そのときに感じたことは、心の奥深くに刻まれ、永遠に残っていくはずです」

ここでルネは、東京国際フォーラムのラ・フォル・ジュルネでの野外演奏がおこなわれるキオスク広場を引き合いに出して、こう付け加えた。

「数千人もの人々が集まってきて、あのような場所には一生無縁だったかもしれないような通りすがりの人々までが偶然立ち止まって、演奏を楽しみ、視線を交わしたりしますよね。そんなとき私は強く思うのです。クラシック音楽とは、魂の言葉にほかならないと」

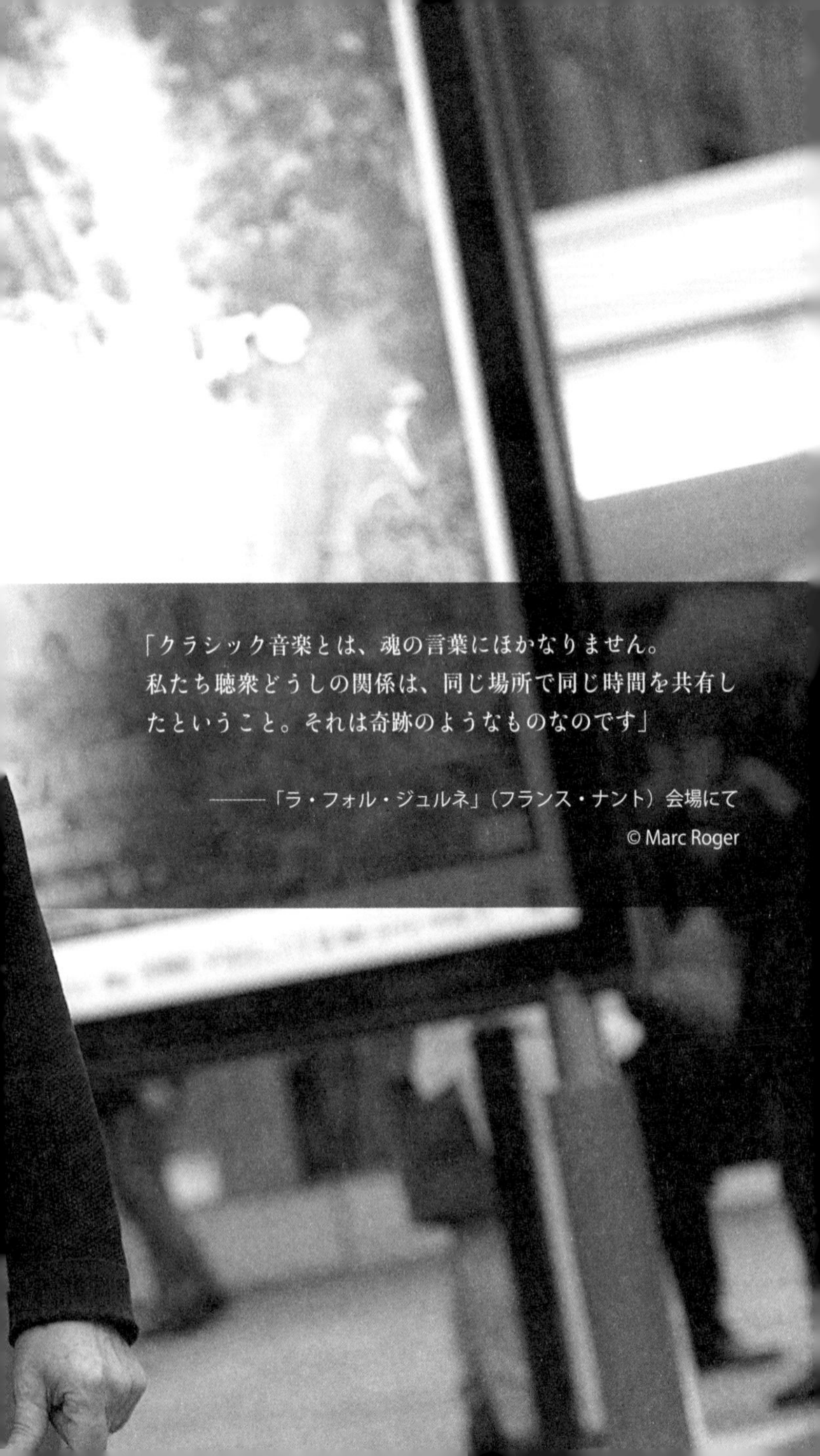

「クラシック音楽とは、魂の言葉にほかなりません。
私たち聴衆どうしの関係は、同じ場所で同じ時間を共有したということ。それは奇跡のようなものなのです」

――「ラ・フォル・ジュルネ」（フランス・ナント）会場にて

© Marc Roger

日本のみなさまへ

「ラ・フォル・ジュルネ」のプロデューサーである私のところに林田直樹さんから、私の生き方や仕事のやり方についての本を書きたいという申し出があったときに、躊躇なくお引き受けすることを決意しました。実をいうと、ここ十年ほどの間に思いつくだけでも十人以上の世界中のジャーナリストから私についての本を書きたいとの提案をもらっていたのですが、すべて断ってきました。自分の人生を語りすぎるのもどうかと躊躇したのです。信頼する相手としか仕事をしない――それが私にとっての大原則です。林田さんとは知り合ってから長く、インタビューを受けるたびに信頼できる人だと感じていました。私の言葉をデフォルメすることも裏切ることもないでしょう。ですから、八月に南仏プロヴァンスで開催している「ラ・ロック・ダンテロン国際ピアノ音楽祭」に来ていただいて、そこでインタビューを実施しよう、そう私から提案したのです。

この音楽祭は私が作った最初のフェスティバルです。ナントの「ラ・フォル・ジュルネ」には林田さんもすでに来たことがあり、よくご存知のはずでしたが、なんとしてもラ・ロック・ダンテロンを見てほしかったのです。来てもらえれば、芸術監督である私とアーティストとの関係や、この音楽祭が魔法の力を持つ場所なのだということや、私が大切にしていることのすべてを、わかってもらえると思ったのです。

それからもうひとつ、私が日本での出版を了承した理由は、日本が大好きだということかもしれません。日本の方は控え目でありながら、並外れた情熱や欲動を内に秘めていることをよく知っています。私はそういう人が好きですし、日本にやってくる多くのアーティストも私と同じ意見のはずです。日本のジャーナリストのインタビューの質の高さには大いに驚かされてきました。よく準備されていますし、ある種の信念に裏打ちされた仕事ぶりにいつも強い感銘を受けてきました。日本の人々の精神性に対しては深い友愛の思いを抱いています。日本のジャーナリストなら、しかも林田さんなら、私が自分で書く以上に素敵な物語を書いてくださるだろうと感じたのです。

ラ・ロック・ダンテロンでの十日間にわたるインタビューはたいへんに楽しいものでした。それでもすべてのテーマを掘り下げるには時間が足りず、日本でも追加のインタビューを受け、スカイプでも取材を受けました。私自身について飾ることなく、洗いざらいお話ししましたので、そのまま本にしていただけたことでしょう。

日本で仕事をしてきて落胆を味わったことはほとんどありません。「ラ・フォル・ジュルネ・オ・ジャポン」は、日本のクラシック音楽シーンそのものを大きく揺り動かすものとなったのではないでしょうか。これからも毎年、ゼロから新しいものを作るつもりで情熱をかけて続けていきたいものです。

「ラ・フォル・ジュルネ」は「ラ・ロック・ダンテロン国際ピアノ音楽祭」の延長線上にあるという見方もできます。ラ・ロック・ダンテロンはバカンスを過ごす別荘のようなもので、夏になるとアーティストが家族を連れてここに集まります。東京やパリやワルシャワや世界中の他の都市で一年を過ごし、夏になるとプラタナスの樹の下で、プロヴァンスのロゼ・ワインを飲みオリーブをつまみながら再会を果たすのです。

日本のラ・フォル・ジュルネの会場でまたお目にかかりましょう。そして読者のみなさんもぜひこの音楽祭の本場ナントへ、そしてラ・ロック・ダンテロンのプラタナスの樹の下にいらしてください。みなさんを心より歓迎します。

愛をこめて、ルネ・マルタン

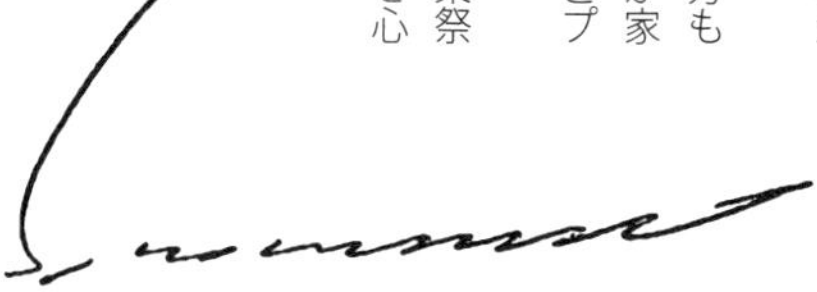

ルネ・マルタン René Martin

世界各地を駆け巡り、年間1550公演を手掛ける音楽プロデューサー。フランス・ナント市在住。1981年、南仏の小村で「ラ・ロック・ダンテロン国際ピアノ音楽祭」を開始。世界最大規模のピアノ音楽祭に育て上げる。1995年、クラシックコンサートの常識を根底から覆す画期的な音楽祭「ラ・フォル・ジュルネ」を開始。音楽シーンにセンセーションを巻き起こす。2000年以降ラ・フォル・ジュルネ旋風は世界に拡がり、各地で大成功を収めている。東京では2005年以来12回の開催で725万人が来場。アジア最大級のクラシック音楽祭として注目を集めている。

2005年、フランス文化コミュニケーション省より国家功労勲章を受章。2013年、日本における国際文化交流への貢献を称えられ、文化庁長官表彰（文化発信部門）を受ける。

ルネ・マルタンと
ラ・フォル・ジュルネが
私たちにもたらしてくれたものとは何か

あとがきに代えて

本書は、一九九五年にナントで創設され、二〇〇五年からは東京でも開始、世界各地に広がり続けている空前の巨大な動員力を誇るクラシック音楽祭「ラ・フォル・ジュルネ」の芸術的責任を統括するアーティスティック・ディレクターのルネ・マルタンに、これまで筆者が十年以上にわたって取材してきた記録を元にしている。

とりわけ二〇一六年夏には、ルネによって三十六年前に創設され、現在も毎年開催されている南仏プロヴァンスのリュベロン地方の山麓に位置する「ラ・ロック・ダンテロン国際ピアノ音楽祭」を訪れ、十日間にわたって徹底的にインタビューした。

そこで得たものは、たんにクラシック音楽のプロデューサーという次元にとどまらない、人はいかに生きるべきかという人生観の根幹に触れるような体験であった。ルネは、もしこのテーマで本を書くのなら、自分の原点を知ってもらうためにも絶対にプロヴァンスに来てもらう必要があると強く主張し、小さな美しい村、ラ・ロック・ダンテロンに招いてくれたのである。

われわれ取材チームが到着すると、ルネは多忙な合間を縫って、連日最大限に取材のための時間をとってくれたばかりか、自らハンドルを握って何度も愛車を運転し、お気に入りの静寂に満ちた美しい場所、神秘的な教会や修道院、さらには顔なじみの青果店やチーズ農家やワイン醸造所へと連れて行ってくれた。ひと夏を過ごすために集まっていた家族とともに、ルネの手料理をいただきながら、プラタナスの木陰でゆったりとした時間を共に過ごしたり、音楽祭に出演したアーティストとの晩餐では深夜二時、三時まで芸術論を語り合った日もあった。

毎夜のコンサートでは、緑の聖堂ともいうべき壮大な森に囲まれ、池の上に作られた舞台の上で演奏されるピアノの響きに、虫たちや鳥たちとともに耳を傾けた。大自然に囲まれた開放的な野外ホールで、老若男女問わず、家族連れや友人たちどうしで集まってきた人々とともに、ベートーヴェンやショパンの音楽を共有するのは、この上なく幸福な体験であった。


そこでルネが伝えようとしてくれたのは、自然と食と歴史と文化の宝庫であるプロヴァンスという土地に長く滞在するからこそ、より鮮明に実感されてくる人生の真実であったと思う。

それは第一に、人と人とのつながりが親密であることの美しさだ。見知らぬ人どうしでも、あれほど心から目と目を合わせ、穏やかな笑顔で挨拶する習慣の素晴らしさ！　田舎ならどこでもその傾向はあるのかもしれないが、やはりここは特別に人なつこい土地柄である。ラ・ロック・ダンテロンで音楽祭ボランティアをしているある年配のご婦人がこう言っていたのを思い出す。「私、パリって嫌いだわ。だって、いつものように道で会う人ごとに挨拶すると、頭のおかしい人だと思われちゃうんですもの」

第二に、静寂と神秘。ここでは中世以来の修道院や街並みが至るところにそのまま保たれており、いまが二十一世紀とはとても思えないようなタイムスリップした感覚に襲われることがしばしばだ。何もかもが古く、深遠な雰囲気をまとっている。サド侯爵の城、文豪カミュの家、画家セザンヌやゴッホの制作した場所など、この地方は文化的な背景も奥深く、好奇心をそそるものが多い。厳しくも美しい自然、偉大な歴史や芸術を、静けさのうちに無限に感じられるのがプロヴァンスである。

そして第三に、感覚を楽しませることの大切さである。五感を美しい愉悦で満たすことは、人生を根底から変える。パリや東京だって、お金さえ出せばいくらでも美味しいものを食べられるし、高級ブランド品は購入できるし、いくらでも贅沢を味わうことは可能だ。しかし、プロヴァンスでは、どんなに貧しかろうと、美しい風景や太陽の光、澄み切った空気と水、静寂の時間、そして豊富な食べ物がいくらでも手に入る。

地元産の野菜や果物や肉、マルセイユから水揚げされる新鮮な魚介、そして風にのって常に運ばれてくるハーブの香り。かつては安物の代名詞だったというがいまでは飛躍的に評価を上げているというプロヴァンスのワイン。とりわけシェーブル・チーズ（山羊のチーズ）の野性的な芳香と雪のような繊細さ。ロゼワインのみずみずしい上品な風味のハーモニー。これらのものには、人生を変える力があるのだ。

ルネが案内してくれたプロヴァンスは、この世で最も豊かなものを、誰もが分け隔てなく手にすることができる土地であった。そして、ふと気がついた。これはラ・フォル・ジュルネの理想と同じなのだ。この世で最も美しい音楽の数々を、誰もが手にすることができるユートピアを作りだすこと――「ラ・フォル・ジュルネ」は音楽におけるプロヴァンスの再現でもあるのだ。

少しおさらいしておこう。

ラ・フォル・ジュルネ（その名称の由来はモーツァルトのオペラの原作となり、フランス革命の伏線ともなったボーマルシェの反貴族的な劇『フィガロの結婚』の副題「おかしな一日」である）は、クラシック音楽ファンという限

ルネが家族との昼食のテーブルに招いてくれた。お手製のタプナードで味つけしたトマトと二種のオリーブとニンニクのサラダを自らサーブし、ロゼワインを勧める。プロヴァンス名物のシェーブルチーズも食卓に。

られた枠にとどまらない、ありとあらゆる人々が楽しめる巨大音楽祭として、現在は本場ナントのみならずビルバオ、ワルシャワ、エカテリンブルク、リオデジャネイロ、そして日本では東京、新潟、大津など、世界各地に展開している。

最初に二〇〇五年に東京で開催されたときの衝撃はいまも鮮烈に記憶に残っている。ふだんクラシック音楽を聴かない一般の人々が、ゴールデンウィークの行楽の選択肢のひとつとして、「ベートーヴェンと仲間たち」を初年度テーマとするこの音楽祭を選択し、小さな子どもを含む家族連れ、老いも若きもあらゆる人々が、有楽町の東京国際フォーラムに三日間で三十二万人（主催者発表）も集まってきたのである。

それは、あらゆる点で画期的なできごとであった。

朝から晩まで同時多発的に、複数の会場で集中豪雨のように四十五分から一時間程度のコンサートを何十何百とおこない、それまでの常識からすればはるかに安い価格で提供し、無料のものも数多く開催し、それを自由にはしごしてもらうタイプの音楽祭が初めておこなわれたこと。

こうしたかたちで音楽祭化すれば、クラシック音楽の前提となる静寂やクオリティをあるていど守りながら、それまでアクセスできなかった膨大な数の人々に、それを提供できるという新しい音楽ビジネスのモデルを示したこと。

演奏家ブランド第一主義・限られた有名曲限定志向に風穴を開け、好奇心をそそるテーマや楽曲・プログラミングの多様性を魅力としていくことにより、さらなる発展の可能性を示したこと。

演奏家にとっては、自分の名前だけが目的で集まってくる日頃の狭い世界の聴衆とはまったく別種の、新しく耳を傾けてくれる聴衆と出会うことで、アーティスト自身が孤立から脱却して自信を取り戻すきっかけを作ったこと。

そして何よりも、クラシック音楽が、一部のマニアックで贅沢な限られた人々のための閉鎖的な趣味などではなく、あらゆる人々が享受する権利を持つ人類共通の宝であるという事実を象徴する祝祭空間＝ユートピアを体現したこと。


ラ・フォル・ジュルネが始まったことは、二十一世紀のクラシック音楽の世界における最大のイノベーションであり、真の革命的できごとであった。その生みの親であり、アーティスティック・ディレクターであるフランス人のルネ・マルタンは、「クラシック音楽の民主化」を標榜《ひょうぼう》し、まったく新しいプロデュースの発想を芸術の世界に持ち込んだ。それは結果として、旧弊なクラシック音楽マーケットの閉鎖性を打破し、巨大な数の人々を新たに動かすことにもつながったのである。

筆者は、音楽祭初年度からルネの取材をおりにふれて何度もおこなってきたが、そのたびごとにルネの大胆なアイディア、そして哲学的ともいえる言葉に惹《ひ》きつけられてきた。彼は芸術家ではなくプロデューサーであり、音楽を学びつつも、大学では経営学を専攻したビジネスパーソンでもあるが、そうした枠にとどまらない不思議な魅力と無限のバイタリティを持ち、大きな夢を語ることのできる人物である。本書は、その魅力の根源に迫りながら、なぜルネが「ラ・フォル・ジュルネ」という革命を起こすことができたのか、芸術とビジネスの両面において目覚ましい可能性を示すことができた背景には何があったのか——その成功の鍵を五十の言葉へと凝縮したものである。人生やビジネスや芸術のさまざまな悩みにも答えてくれる、解決の糸口にもなるような言葉をお探しいただければ幸いである。

本書のもうひとつの目的は、ルネ・マルタンと「ラ・フォル・ジュルネ」の根源に迫ることで、この大切な音楽祭をなぜ継続しなければならないか、その意義をあらためて捉え直すきっかけとしていただけるのではないか、と考えたからである。

東京国際フォーラムの「ラ・フォル・ジュルネ・オ・ジャポン」は初年度から数えて二〇一七年で第十三回となる。すべてが驚きだった初回の頃と違い、いまではすっかりゴールデンウィークの風物詩として定着した。当たり前のように毎年おこなわれると思っておられる方も多いことだろう。だが現在までにはいくつかの大きな節目や危機があった。特に二〇一一年三月の東日本大震災と原発事故の影響は大きく、予定されていた開催そのものが危ぶまれるほどだったが、ルネの意志は固く、どんなに日本が危険な状況にあろうとも（実際ヨーロッパからはそう見えたはずである）、必ず音楽の力によって助けに行くぞという覚悟すら感じさせたほどで、やや縮小されたかたちながらこの年は東京、金沢、新潟、大津、鳥栖で「ラ・フォル・ジュルネ」は敢行された。

そのときの様子は本書の中でも触れられているが、なぜラ・フォル・ジュルネが必要かという問いに対して、もっともはっきりした友愛というかたちで本質が表れたのがこの年のできごとであった。

「社会が悲劇的な状況にあるとき、他の人たちの存在を近くに感じることが直ちに必要になってきます。みんなが顔を合わせ、みんなが一緒にいる場所が、何かを分かち合う時間を持つことが、より強く必要になってくる。そこに音楽の役割がある」というルネの言葉が、それを端的に示している。

「ラ・ロック・ダンテロン国際ピアノ音楽祭」のメイン会場は
プラタナス並木が続く。これも典型的なプロヴァンスの風景だ。

ルネは言う。

「東京国際フォーラムでのラ・フォル・ジュルネというイベントは、間違いなくアジア全域においていちばん重要な音楽イベントです。そこには何もかもが揃っています。素晴らしい場所があり、アジアの中でもっとも洗練された聴衆もいて、ヨーロッパの芸術作品をこれほど深く理解できることは、まったく驚くべきことなのです。日本を開催国に選んだというのは私にとって決して偶然のできごとではなく、重要な選択でした」

繰り返そう――「ラ・フォル・ジュルネ・オ・ジャポン」は、アジア全域において、もっとも重要な国際的音楽イベントである。その中心地がアジアのなかの日本、そして東京にあるという事実をいま一度、確認しておきたい。そこでは数十万人規模という最大級の観客動員、社会的波及、そして国際的発信が、文化芸術の世界において成し遂げられているという、厳然たる事実である。

ルネ・マルタンが、これまでに日本にやってきた外国の音楽プロデューサーたちの多くと根本的に違うのは、何かを日本で売って終わりというのではなく、同時に日本のアーティストと積極的にコラボレーションし、一緒に新しいものを作りだし、さらには彼らを自らの音楽祭へと招聘し、日本人作曲家や演奏家をフランスをはじめとする海外へと展開できるように、自ら積極的に日本文化の旗振り役、親善大使、アピール役を買って出てくれていることであろう。

筆者が「ラ・ロック・ダンテロン国際ピアノ音楽祭」に滞在していたときも、たまたまオーケストラ・アンサンブル金沢のツアー公演がおこなわれていたが、それはルネからの二回目の招待であった。金沢の名前を冠したオーケストラが、モーツァルトという共通言語を介して、はるばる南仏の地で多くのヨーロッパ人たちから熱狂的な拍手を浴び、歓迎されたことは、大きなアピールともなっていた。それはルネなりの金沢への友情のしるしでもあったはずである。

ラフカディオ・ハーン（小泉八雲）を愛読し強い共感を寄せるほどの日本贔屓《びいき》であるルネは、「ラ・フォル・ジュルネ・オ・ジャポン」を五十年、六十年、七十年と続くものとして、彼自身が死なない限りさらに発展させていきたいと、力強くその意志を語っていた。その目標は、クラシック音楽における最大の民主化であるこの革命的音楽祭を、七十年続いているアヴィニョン演劇祭やカンヌ国際映画祭に匹敵する規模と内容にすることである。もしそうなれば――発祥の地ナントでも日本でも同様に、共に手を携えながら――「ラ・フォル・ジュルネ」が継続されることのもたらす利益は計り知れないものがあるだろう。

地元だけの力で、日本人だけの手で、という考え方もひとつの見識ではある。だが、ほんらい「ラ・フォル・ジュルネ」は中央集権主義とは一線を画する、地域密着型の音楽祭である。クラシック音楽を軸としながら国際的に多様な文化を包摂、許容しミックスさせることを、その本懐とする民主的音楽祭である。それをさらに数十年がかりで世界最高の国際的な発信力と強大なブランドとして確立させ、アジアにおける文化芸術の盟主として、日本に揺るぎない地位を築いてほしいというルネの壮大なビジョンは、けっして夢物語ではないばかりか、今後の日本にとって最も必要なものではないだろうか。

いまの「ラ・フォル・ジュルネ」がすべて理想的で欠点がない、ルネ・マルタンが完全無欠のカリスマである、などと言うつもりは毛頭ない。むしろ欠点だらけであろう。だが減点法ばかりでは、この音楽祭が二十一世紀の日本社会にもたらした光明ともいうべき、イノベーションを生かすことはできまい。処方箋は本書のなかにすでにある。それは現在の「ラ・フォル・ジュルネ・オ・ジャポン」にとっても有益なアドバイスとなりうるものである。さしあたって必要なことは、ルネ自身が強力な日仏通訳者とともに、日本側の現場スタッフやボランティアやアルバイトにいたるまで、関係者と直接対話の機会を設け、時間をかけてじっくりとコミュニケーションをとることであろう。

筆者はクラシック音楽専門のインターネットラジオ「OTTAVA（オッターヴァ）」で番組プレゼンターを務めているが、「ラ・フォル・ジュルネ」に参加した多くのファンからもお便りをいただくことがある。そのなかで印象的だったのは、

「私は何年か前にルネ・マルタンさんと一度だけ会場で握手したことがあります。そのときの彼の印象がとても優しくて素敵だったので、彼のことを信じ続けたいと思っています」

というものであった。

まだまだコミュニケーションは不足している。ひとりでも多くの人と直接話す機会を持たなければ、というルネの言葉通り、できるだけそうした機会を時間をかけて運営側や現場とも持てるようにすることが、「ラ・フォル・ジュルネ」の今後を打開し、継続への第一歩になるのではないだろうか。

本書をそのためのきっかけとしていただければ、これに勝る喜びはない。

また、本書は、「ラ・フォル・ジュルネ」だけにはとどまらない、あるいはクラシック音楽だけにはとどまらない広がりを持った、一種のビジネス書、人生論、芸術論、哲学書のような体裁で編集している。こ

11 世紀に建てられた、ゴワロン聖アンヌ礼拝堂。ラ・ロック・ダンテロン近郊の山間部に、ひっそりと佇む無人の廃墟。ナチスドイツのレジスタンス狩りの傷跡が残っている。ルネが教えてくれた場所。

こに五十項目として挙げたルネの言葉にはそれぞれ煌《きら》めくような魅力があり、人をポジティブな方向へと引き寄せる力を持っている。それを味わい、役立てていただきたいからだ。仕事や学校、家庭、あるいはさまざまな人間関係などで悩む方に向けて、クラシック音楽という枠を越えて、きっと心に届くに違いない言葉が、ここにはたくさん収められている。

そのなかのいくつかでも、読者のみなさんの心を励まし、ほっとさせ、悩みを少しでも打開する鍵となるようなきっかけとなることを願ってやまない。

通読すれば実感していただけると思うが、今回ラ・ロック・ダンテロンでの取材をしてみてつくづくわかったことは、ルネが想像以上に敬虔なカトリック信仰の持ち主であると同時に、神から与えられた使命として、宗教や国境の別を越えて、ベートーヴェンやシューベルトの音楽を世界に普及していくことを人生最大のミッションと考えていることである。カトリック信仰は、ルネのプロデューサーとしての姿勢の根底にあり、それが彼のどんなことにもへこたれない不屈の意志と行動力ともつながっているのは間違いない。

そこで心を打たれたのは、クラシック音楽が人を動かす力を、絶対的なまでに信じ抜いている、その信頼の力強さである。たとえバルトークのような無神論的な音楽であっても、人を賢明にし、良い方向へと人生を導き、子どもたちを育てることができるという、その確信だ。

「クラシック音楽とは、私たち人間が手にした宝物のなかで、もっとも力を持つものだと信じます」というルネの言葉が、いまも耳について離れない。

最後に、本書を上梓するにあたって、お世話になったすべての方々にお礼を申し上げたい。株式会社

KAJIMOTO、株式会社東京国際フォーラムのみなさんには、この十二年間の「ラ・フォル・ジュルネ」のナントや東京での取材、そして「ラ・ロック・ダンテロン国際音楽祭」での取材、ルネとのミーティングなど、本書の企画が立ち上がってから完成にいたるまで、あらゆる局面で多大なサポートをいただいた。また今回は、プロヴァンスでの日仏語通訳の藤本優子さんのみごとな仕事がなければ、けっしてこれほど中身の濃い充実した取材はできなかった。桂川潤さんの美しい装丁にも心から感謝したい。編集を直接担当してくださった岩上杉子さん、株式会社アルテスパブリッシング代表の木村元さん、お二人の細かく行き届いた編集手腕と情熱があればこそ、本書は世に出ることができた。そして最後に、十二年間の取材を通じて知り合った私を全面的に信頼し、ラ・ロック・ダンテロンに招いてくれて連日の取材にも誠実に答え、プライベートなことまですべてを話してくれながらも、「いかなる本を書こうともチェックはしない。あなたを信じる」と任せてくれたルネ・マルタンに——心からありがとう。

林田直樹

二〇一七年一月

「ラ・ロック・ダンテロン国際ピアノ音楽祭」の会場のひとつ、
シルヴァカンヌ修道院から裏庭の風景を眺める。

林田直樹（はやしだ・なおき）

音楽ジャーナリスト・評論家。1963年埼玉県生まれ。慶応義塾大学文学部卒。音楽之友社『音楽の友』『レコード芸術』編集を経て、オペラ、バレエから現代音楽やクロスオーバーまで、幅広い分野で取材・著述活動をおこなうフリーランスに。著書は『クラシック新定番100人100曲』（アスキー新書）他。月刊『サライ』（小学館）に連載中。インターネットラジオ「カフェフィガロ」パーソナリティ、「OTTAVA」プレゼンター。

Facebookページ「LINDEN日記」
https://www.facebook.com/Lindennikki

メールマガジン「林田直樹の“よく聴く、よく観る、よく読む”」
http://www.mag2.com/m/0001396250.html

ルネ・マルタン　プロデュースの極意《ごくい》

ビジネス・芸術《げいじゅつ》・人生《じんせい》を豊《ゆた》かにする50の哲学《てつがく》

二〇一七年二月二五日　初版第一刷発行

著者……林田直樹
発行者……鈴木茂・木村元
発行所……株式会社アルテスパブリッシング
〒一五五-〇〇三二
東京都世田谷区代沢五-一六-二三-三〇三
TEL　〇三-六八〇五-二八八六
FAX　〇三-三四一一-七九二七
info@artespublishing.com

編集協力……岩上杉子
DTP……アーティザンカンパニー株式会社
ブックデザイン……桂川　潤
印刷・製本……太陽印刷工業株式会社

ISBN978-4-86559-157-6　C0073　Printed in Japan